STOCKHOLM

PAUL EADE

DK Penguin Random House

Highlights

Themen

Inhalt

Stadtteile

Reise-Infos

Die TOP10-Listen in diesem Buch sind nicht nach Rängen oder Qualität geordnet. Alle zehn Einträge sind in den Augen des Herausgebers von gleicher Bedeutung.

Umschlag Vorderseite & Buchrücken Blick auf die Altstadtinsel Riddarholmen
Umschlag Rückseite, im Uhrzeigersinn von links oben Bücherregale in der Stadsbiblioteket, Stockholms Skärgård im Winter, Häuserzeile in Gamla stan, Södermalms Uferstraße
Titelseite Gamla stan am Abend

Die Informationen in diesem TOP10-Reiseführer werden regelmäßig aktualisiert.

Angaben wie Telefonnummern, Öffnungszeiten, Adressen, Preise und Fahrpläne können sich jedoch ändern. Der Verlag kann für fehlerhafte oder veraltete Angaben nicht haftbar gemacht werden. Für Hinweise, Verbesserungsvorschläge und Korrekturen ist der Verlag dankbar. Bitte richten Sie Ihr Schreiben an:

Dorling Kindersley Verlag GmbH
Redaktion Reiseführer
Arnulfstraße 124 • 80636 München
reise@dk.com

Willkommen in Stockholm

Die Hauptstadt Schwedens bietet prächtige Königsschlösser, erstklassige Museen, beschauliche Parks, eine bezaubernde mittelalterliche Altstadt und – in unmittelbarer Nähe – eine wunderbare Inselwelt. Stockholm ist eine Stadt der Kontraste: Tagsüber lädt der Mälaren zum Schwimmen ein, nachts lockt die lebhafte Restaurant- und Barszene in Södermalm.

Stockholm ist mit knapp einer Million Einwohnern die größte Stadt Skandinaviens. Die dynamische Metropole präsentiert sich kultur- und designaffin, die regionale Küche herzhaft und bodenständig. Für kurze, klirrend kalte Wintertage entschädigen laue Sommernächte. Die Stadt erstreckt sich über mehrere Inseln mit eigenem Charakter – von der historischen **Gamla stan** über das beschauliche **Djurgården** bis zum eleganten **Östermalm**.

Im eindrucksvollen **Vasamuseet** kann man die Reste eines Kriegsschiffes aus dem 17. Jahrhundert bestaunen. **Nordiska museet** und **Historiska museet** erlauben noch tiefere Einblicke in die Stadt- und Landesgeschichte. Pomp und Pracht der schwedischen Monarchie zeigen **Schloss Drottningholm** und **Kungliga slottet**, vom Turm des **Stadshuset** genießt man eine tolle Aussicht. Das Freilichtmuseum **Skansen** und der **Hagaparken** bieten Erholung vom Trubel der Stadt. Die Fahrgeschäfte in **Gröna Lund** sorgen bei Jung und Alt für Spaß. Oder Sie tun es den Stockholmern gleich und lassen bei der traditionellen *fika*, einem schwedischen Alltagsritual, bei Kaffee und Kuchen die Welt am Fenster eines netten Cafés vorbeiziehen.

Ob für den Wochenendtrip oder länger: Der TOP**10** *Stockholm* zeigt die spannendsten Orte der Stadt – vom Szeneviertel **Södermalm** bis zum vornehmen **Kungsholmen**. Hinzu kommen nützliche Tipps, wie man Stockholm zum Nulltarif genießt oder kaum bekannte Ecken entdeckt, sowie übersichtliche Routenvorschläge, die Sie in kurzer Zeit zu möglichst vielen Attraktionen führen. Schöne Fotos und detaillierte Karten komplettieren den handlichen und unverzichtbaren Reisebegleiter. **Viel Spaß mit dem Buch und viel Spaß in Stockholm**

Im Uhrzeigersinn von oben: **Hafen am Nybroviken, Gamla stan, Stadsbiblioteket, Vaxholm in Stockholms Skärgård, Avicii Arena, winterlicher Riddarfjärden, Brantingtorget in Gamla stan**

Stockholm entdecken

Die schwedische Hauptstadt bietet Besuchern eine lebhafte Atmosphäre und vielfältige Attraktionen. Die folgenden Touren sollen dabei helfen, auch bei einem kurzen Aufenthalt keine bedeutende Sehenswürdigkeit zu verpassen.

von Hagaparken 10 km
Fahrrad
Kungsholmen
Stadshu
Petite France
Fahrrad
Stads
Schloss Drottningholm 10 km

Das Nordiska museet vermittelt Besuchern detaillierten Einblick in Schwedens Kulturgeschichte.

Zwei Tage in Stockholm

Tag ❶

Vormittags
Sehen Sie sich im **Vasamuseet** *(siehe S. 14f)* um, ehe Sie durch den Galärparken zum **Nordiska museet** *(siehe S. 30f)* spazieren. **Ulla Winbladh** *(siehe S. 81)* bietet traditionelles schwedisches Mittagessen.

Nachmittags
Per Tram geht es über den Strandvägen *(siehe S. 79)* nach Strömkajen, dann mit der Fähre gen **Stockholms Skärgård** *(siehe S. 16f)*. Die Insel **Stora Fjäderholmen** ist ideal für ein Picknick und ein Bad im Meer.

Tag ❷

Vormittags
Genießen Sie die Aussicht vom Turm des **Stadshuset** *(siehe S. 22f)*. Nach einer Führung durch das **Kungliga slottet** *(siehe S. 26f)* schlendern Sie durch die Gassen von **Gamla stan** *(siehe S. 84–91)*, die viele Läden, Cafés und Restaurants säumen.

Nachmittags
Nehmen Sie die Fähre von Slussen nach **Djurgården** *(siehe S. 45)* und besichtigen Sie das Freilichtmuseum **Skansen** *(siehe S. 12f)*. Im Vergnügungspark **Gröna Lund** *(siehe S. 28f)* mit seinen vielen Fahrgeschäften bietet sich vielleicht Gelegenheit, den Tag mit einem Konzert zu beschließen.

Vier Tage in Stockholm

Tag ❶

Vormittags
Organisieren Sie sich ein Leihfahrrad und erkunden Sie entspannt den **Hagaparken** *(siehe S. 34f)*. Dann geht es zur Insel **Kungsholmen** *(siehe S. 70–75)* mit dem mittags beliebten Café **Petite France** *(siehe S. 74)*.

Die *Vasa* ist Glanzstück im Vasamuseet.

Legende
Zwei-Tages-Tour
Vier-Tages-Tour

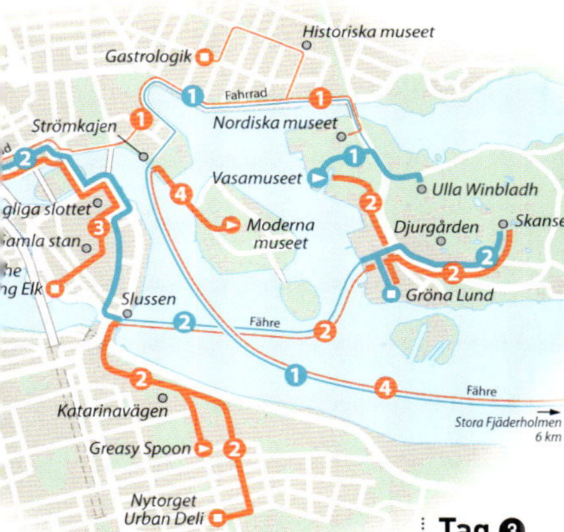

Die Insel Gamla stan ist die historische Altstadt von Stockholm.

Nachmittags
Nach dem Essen lohnen **Historiska museet** *(siehe S. 32f)* und **Nordiska museet** *(siehe S. 30f)* einen Besuch. Kehren Sie abends im Ekstedt oder im **Gastrologik** *(beide siehe S. 81)* ein.

Tag ❷

Vormittags
Nach einem Frühstück im **Greasy Spoon** *(siehe S. 96)* genießen Sie auf dem Weg zur **Slussen** die Aussicht vom **Katarinavägen**. Nehmen Sie die Fähre nach **Djurgården** *(siehe S. 45)* und besuchen Sie das spannende **Vasamuseet** *(siehe S. 14f)*.

Nachmittags
Erkunden Sie **Skansen** *(siehe S. 12f)* oder den Vergnügungspark **Gröna Lund** *(siehe S. 28f)*. Per Schiff geht es dann zurück zur Slussen. Essen Sie im **Nytorget Urban Deli** *(siehe S. 97)* zu Abend, bevor Sie sich ins quirlige Nachtleben von Södermalm *(siehe S. 92–97)* stürzen.

Tag ❸

Vormittags
Finden Sie sich früh am **Stadshuset** *(siehe S. 22f)* ein. Vom Fähranleger Stadshusbron führt eine Rundfahrt über den Mälaren zum **Schloss Drottningholm** *(siehe S. 24f)*.

Nachmittags
Besichtigen Sie das **Kungliga slottet** *(siehe S. 26f)* und die Livrustkammaren *(siehe S. 59)*. Nach einem Spaziergang durch **Gamla stan** *(siehe S. 84–91)* lockt ein Abendessen im Lokal **The Flying Elk** *(siehe S. 91)*.

Tag ❹

Vormittags
Besuchen Sie das **Moderna museet** *(siehe S. 86)* und kehren Sie dann im Café Blom *(siehe S. 90)* ein – wochenends gibt es dort Brunch.

Nachmittags
Vom Strömkajen legen Fähren zu **Stockholms Skärgård** *(siehe S. 16f)* ab. **Stora Fjäderholmen** bietet sich zum Schwimmen und für ein Picknick an. Im historischen **Vaxholm** und auf der Insel **Grinda** kann man auch gut übernachten.

Highlights

Yachten ankern inmitten von kleinen Inseln in Stockholms Skärgård

TOP 10 Highlights

Stockholm zeigt je nach Jahreszeit die unterschiedlichsten Gesichter. Die exzellenten Museen, die malerischen Wasserwege und das rege Nachtleben machen die Stadt ganzjährig zu einem lohnenden Reiseziel.

1 Skansen

Das Freilichtmuseum mit Rummelplatz vermittelt einen Eindruck vom traditionellen schwedischen Lebensstil *(siehe S. 12f)*.

2 Vasamuseet

Das 1628 gesunkene Kriegsschiff *Vasa* wurde 1961 in erstaunlich gutem Zustand geborgen *(siehe S. 14f)*.

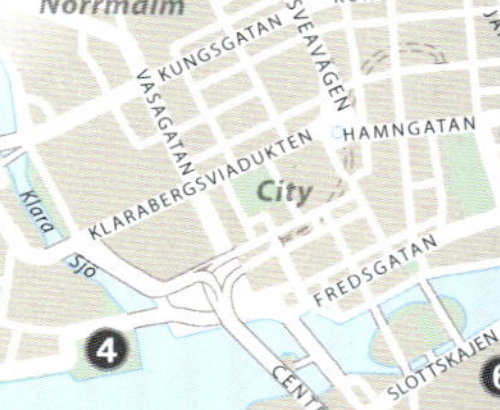

3 Stockholms Skärgård

Für die Erkundung des wundervollen Schärengartens würde ein ganzer Sommer nicht reichen *(siehe S. 16–19)*.

4 Stadshuset

Stockholms Rathaus birgt prachtvolle Räume wie Prinzengalerie und Blauen Saal. Vom Turm hat man eine großartige Aussicht *(siehe S. 22f)*.

5 Schloss Drottningholm

Das Schloss aus dem 17./18. Jahrhundert ist Wohnsitz der schwedischen Königsfamilie. Es verfügt über einen herrlichen Park und gehört zum Welterbe der UNESCO *(siehe S. 24f)*.

6 Kungliga slottet

Nachdem der Vorgängerbau 1697 abgebrannt war, wurde das »Königliche Schloss« in einer Kombination aus schwedischen, italienischen und französischen Stilelementen erbaut *(siehe S. 26f)*.

7 Gröna Lund

Der Vergnügungspark bietet Historisches wie ein Karussell aus dem 19. Jahrhundert, aber auch Nervenkitzel in modernen Fahrgeschäften *(siehe S. 28f)*.

Nordiska museet 8

Die Ausstellungen – darunter Schmuck, Hausrat und Gemälde August Strindbergs – dokumentieren schwedisches Alltagsleben seit dem 16. Jahrhundert *(siehe S. 30f)*.

9 Historiska museet

Das 1943 eröffnete Museum ist vor allem für seine großartigen Ausstellungen über die Wikinger und über das frühe Mittelalter bekannt *(siehe S. 32f)*.

Hagaparken

Der im englischen Stil gestaltete Park am Nordrand der Stadt ist eine Oase der Ruhe *(siehe S. 34f)*.

TOP 10 Skansen

Auf dem Gelände des 1891 gegründeten Freilichtmuseums zur Geschichte Schwedens sind über 150 traditionelle Bauwerke aus dem ganzen Land und den letzten sieben Jahrhunderten versammelt. Außerdem gibt es nordische Tierarten im natürlichen Lebensraum und Pflanzen aus ganz Schweden zu sehen. Skansen präsentiert sich im Winter beschaulich, im Sommer lebhaft – ein ruhiges Plätzchen ist aber immer zu finden.

1 Bredablick

Den 30 Meter hohen Ziegelturm ließ ein königlicher Arzt errichten, weil er glaubte, die Aussicht sei förderlich fürs Wohlbefinden. Für Besucher ist er leider geschlossen. In der Nähe können Kinder mit Elektroautos fahren.

2 Skansens Bergbana

Die Standseilbahn, die vom Eingang Hazelius-Tor den Hügel hinauffährt, wurde 1897 gebaut. Die Fahrt macht Spaß und erleichtert Rollstuhlfahrern und Besuchern mit Kinderwagen den Weg.

3 Historisches Stadtviertel

In dem rekonstruierten Viertel (19. Jh.) führen Handwerker traditionelle Techniken vor. Viele der Kirchen, Herrenhäuser und anderen Gebäude sind zugänglich.

4 Solliden-scenen

Auf der muschelförmigen, 1938 erbauten Konzertbühne standen schon viele berühmte Künstler.

5 Rummelplatz Galejan

Kinder lieben die traditionellen Fahrgeschäfte, darunter handbemalte Karussells *(links)*.

7 Baltic Sea Science Center

Das Center *(links)* präsentiert Schwedens vielfältige Unterwasserwelt von den Schären bis zum offenen Meer und birgt lehrreiche Becken.

8 Dalapferd

Auf dem Orsa-Hügel im Herzen der Anlage ehrt eine große rote Statue das traditionelle Holzspielzeug aus dem 17. Jahrhundert, das heute vielen als Symbol für Schweden gilt.

9 Glasbläserei

Glasbläser fertigen hier auf traditionelle Weise Objekte mit regionalem Design.

Veranstaltungen

Im Juni wird in Skansen Mittsommer gefeiert, zur Weihnachtszeit gibt es hier einen traditionellen Markt, an Silvester ein Feuerwerk. Die dienstäglichen Sommerkonzerte mit jungen Künstlern sind renommiert und werden im Fernsehen übertragen.

10 Gärten

Die Gestaltung der Pflanzflächen und Gärten *(unten)* harmoniert ganz mit den Gebäuden. Zum Bauernhof aus Skåne gehört ein schattiger Garten, im historischen Stadtviertel wurden Kräutergärten angelegt.

Historisches Zeugnis: Windmühle Främmestad

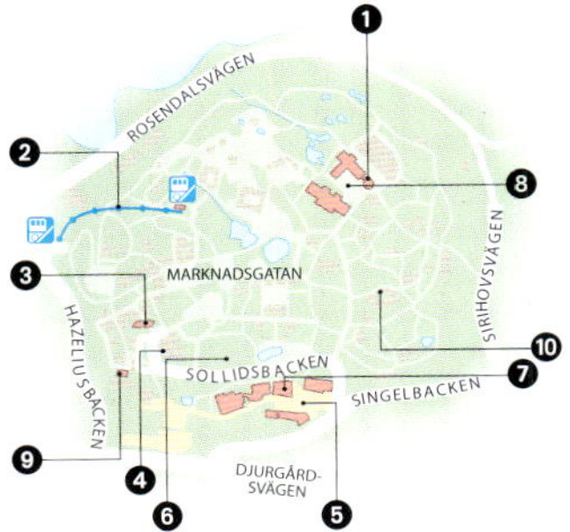

6 Cafés & Restaurants

Das Restaurant Solliden bietet traditionelles *smörgåsbord*, Tre Byttor lädt zum romantischen Diner. Mitgebrachten Proviant kann man im Freien oder im Solliden verzehren.

Infobox

Karte F4 ■ Djurgårdsslätten 49–51 ■ +46 8 442 8000 ■ Tram 7; Bus 67; Fähre ab Slussen nach Djurgården; Hop-on-Hop-off-Busse ■ www.skansen.se

■ Apr: tägl. 10–16 Uhr; Mai–Sep: tägl. 10–18 Uhr; Okt–März: tägl. 10–15 Uhr (Sa, So & Ferien bis 16 Uhr)

■ Eintritt 200–265 Kr (ermäßigt 180–245 Kr), Kinder (4–15 Jahre) 80 Kr; inkl. Skansen Aquarium 360–425 Kr, Kinder 160 Kr

■ Die Eintrittspreise sind im Sommer höher als im Winter, dasselbe gilt bei Veranstaltungen.

■ Das Café-Restaurant Skansen Terrassen serviert ganzjährig preiswerte Mahlzeiten, auch Kinderportionen.

TOP 10 Vasamuseet

Da das 1626 bis 1628 gebaute Kriegsschiff *Vasa* – ein Prestigeobjekt der königlichen Flotte – topplastig war und zu wenig Ballast besaß, kenterte es gleich auf der Jungfernfahrt nach nur wenigen Metern im Stockholmer Hafen. 1961 wurde der erstaunlich intakte Rumpf geborgen. Um sie vor dem Verfall zu schützen, werden die Galeone und die bei der Bergung entdeckten Artefakte unter streng kontrollierten Bedingungen im Vasamuseet ausgestellt. Modelle und Nachbauten erzählen die Geschichte der *Vasa* und ihrer Hebung.

1 Galionsfigur

König Gustav II. Adolf, der den Beinamen »Löwe aus Mitternacht« trug, gab den Bau des Schiffs in Auftrag. Das erklärt die vielen Löwenfiguren, mit der die *Vasa* verziert wurde. Die drei Meter lange Galionsfigur ist die schönste.

2 Gegenstände

Aus dem Schiff und vom Meeresgrund wurden verschiedene Objekte geborgen. Vom oberen Kanonendeck stammt eine Kiste mit persönlicher Habe – Filzhut, Kamm, Nähzeug, Handschuhe, ein Fässchen und anderes.

3 Oberdeck

Das zerstörte Oberdeck *(links)* des Schiffs wurde in den 1990er Jahren aufwendig restauriert, wobei man so weit wie möglich auf originale Bestandteile zurückgriff.

4 Skelette

Bei der Bergung der *Vasa* wurden auch 15 Skelette gefunden. Die Ausstellung »Von Angesicht zu Angesicht« ermöglicht dank Gesichtsrekonstruktionen eine fiktive Begegnung mit den Besatzungsmitgliedern.

5 Kanonendeck

Die *Vasa* war ein Kriegsschiff mit enormer Artillerie. Sowohl das obere als auch das untere Deck war mit gusseisernen Kanonen *(oben)* ausgestattet.

Infobox

Karte Q4 ■ Galärvarvsvägen 14 ■ +46 8 5195 4880 ■ Tunnelbana: Karlaplan; Tram 7; Bus 67 bis Nordiska museet/Vasamuseet; Fähre von Slussen nach Djurgården ■ www.vasamuseet.se

■ Juni – Aug: tägl. 8.30 – 18 Uhr (Mi bis 20 Uhr); Sep – Mai: tägl. 10 – 17 Uhr (Mi bis 20 Uhr); 24. & 25. Dez geschl.

■ Eintritt 190 Kr (keine Barzahlung möglich), unter 19 Jahren frei

■ Neben Broschüren und Audioguides in vielen Sprachen gibt es auch stündlich kostenlose Führungen auf Englisch (Sep – Mai).

■ Das Museumsrestaurant bietet Erfrischungen sowie warme und kalte Speisen.

■ Der Museumsshop hält hübsche Souvenirs bereit.

Der Untergang

Am 10. August 1628 stach die *Vasa* von der Werft in See. Die ersten paar Hundert Meter wurde sie dabei mittels Ankern gezogen, dann wurden vier ihrer zehn Segel gesetzt. Eine erste Windböe ließ das Schiff krängen, bei der zweiten begann es zu kentern. Wasser schoss durch die Kanonenluken und die Galeone ging nach kaum 1300 Metern Fahrt unter, rund 30 der 150 bis 200 Menschen an Bord kamen um. Die *Vasa* sank, weil sie zu wenig Ballast hatte, um das Gewicht von Kanonen und Takelage auszugleichen: Der Rumpf war damit zu hoch über dem Wasser.

6 Heck

Das Schiff war mit rund 500 Holzfiguren verziert, viele davon schmückten das Heck *(oben)*. Die prachtvolle Ausstattung symbolisierte die Macht Schwedens zu jener Zeit.

7 Skulpturen

Putten am königlichen Wappen und viele weitere Skulpturen zeigen, wie König Gustav II. Adolf gesehen werden wollte.

8 Kanonen

Die meisten der 64 Kanonen *(oben)* des Kriegsschiffs wurden bereits im 17. Jahrhundert geborgen. Das Museum zeigt drei der größten, jeweils 1,2 Tonnen schweren bronzenen Geschütze.

9 Film

Im Museum informiert ein kurzer Film über die Entdeckung des Wracks durch einen Archäologen und die mühevolle Bergung in den Jahren 1959 bis 1961.

10 Garten

Im Museumsgarten wachsen Pflanzen, die für die Besatzung des Schiffs gesundheitsfördernd und lebenswichtig gewesen wären. Mit dem im Spätsommer geernteten Hopfen wurde Bier aromatisiert und konserviert.

Legende

- Erdgeschoss
- Erster Stock
- Zweiter Stock
- Dritter Stock

TOP 10 Stockholms Skärgård

Der Schärengarten, der sich vor Stockholm 60 Kilometer weit nach Osten erstreckt, zählt zu den schönsten der Welt. Rund 150 der insgesamt etwa 30 000 kleinen Inseln sind bewohnt. Die einzelnen Schären, deren Charakter je nach Entfernung zum offenen Meer variiert, dienten zahlreichen Malern und Dichtern als Inspiration. Im Sommer gibt es viele Bootstouren – von der kurzen Überfahrt nach Fjäderholmarna bis zu Fahrten weit hinaus.

1 Siaröfortet

Die in den Fels geschlagene, teils unterirdische Festungsanlage samt Küche, Kasernen und Geschützen war Teil einer Verteidigungslinie gegen russische Seestreitkräfte. Sie wurde in den 1960er Jahren aufgegeben und dient heute als Museum.

2 Sandhamn

Sandhamn ist das Segelzentrum des Schärengartens. In den Sommermonaten herrscht in dem Hafen *(unten)* stets Hochbetrieb. Der lange Strand Trouville spricht vor allem Familien an.

3 Stora Fjäderholmen

Auf der Hauptinsel *(oben)* des Archipels Fjäderholmarna kann man nach kurzer Anfahrt einen Eindruck von den Schären gewinnen. Von Mai bis Oktober gibt es Fähren ab Nybroplan und Slussen.

4 Norröra

Auf dieser Insel wurde ab 1964 die Astrid-Lindgren-Serie *Ferien auf Saltkrokan* gedreht. Seither hat sich hier wenig verändert.

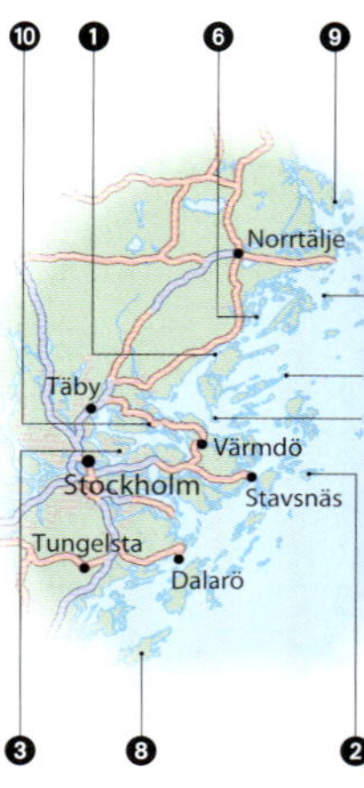

5 Finnhamn

Die Inselgruppe im äußeren Archipel ist das ganze Jahr über per Boot erreichbar. Das Hostel auf der Hauptinsel hat vom späten Frühjahr bis Herbst geöffnet. Es gibt auch einen Biobauernhof.

6 Nationalpark Ängsö

Die ursprüngliche Landschaft des Nationalparks vermittelt einen authentischen Eindruck vom historischen Schweden. Durch den Park führen Wanderwege.

7 Grinda

Die Insel ist ein äußerst beliebtes Ausflugsziel. Sie bietet verschiedene Unterkünfte. Die Restaurants auf Grinda sind im Sommer immer gut besucht.

Weitere Inseln

Die von jeher landwirtschaftlich geprägte Insel Gällnö bietet eine faszinierende Landschaft mit Feldern, Wiesen und Gletschergestein. Själbottna gehört zum Naturschutzgebiet Östra Lagnö – auf der Insel kann man hervorragend zelten und an abgeschiedenen Stellen baden. Auf der Landsort genannten Südspitze von Öja steht Schwedens ältester noch betriebener Leuchtturm. Die wilde Granitinsel Rödlöga (»in Rot getaucht«) ist für Boote letzter Anlaufhafen am äußersten Rand des Stockholmer Schärengartens.

Infobox

Karte H1/H2 ■ Fähren Stockholm – Skärgård: Waxholmsbolaget; +46 8 600 1000; www.waxholmsbolaget.se ■ www.visitskargarden.se

■ Alle der hier genannten Inseln sind per Linienboot erreichbar, dennoch sollte man Ausflüge sorgfältig planen. Zu vielen Inseln sind die Verkehrsverbindungen eingeschränkt, manche werden nur einmal am Tag angefahren.

■ Die gastronomische Palette reicht von Spitzenrestaurants auf stark besuchten Inseln bis zu einfachen Cafés oder Kiosken auf den abgelegeneren. Und manche Inseln bieten keinerlei Imbissmöglichkeiten.

8 Utö

Die Insel *(oben)* im Süden des Stockholmer Schärengartens lädt zum Kanu- und Radfahren ein. Sie bietet hübsche Strände sowie gute Unterkünfte und Cafés.

9 Arholma

Die Landschaft der dem offenen Meer nächstgelegenen Insel des nördlichen Archipels steht großteils unter Naturschutz. Arholma birgt eine Mittsommerstange in Form eines Mastes mit Tauwerk und Spieren und eine Turmbake *(rechts)* von 1768, heute eine Kunstgalerie.

10 Vaxholm

Der Hauptort des gleichnamigen Archipels hat ein imposantes Kastell zu bieten. An der Uferpromenade kann man von den Lokalen aus den Bootsverkehr beobachten. Von Stockholm fährt der Bus 670 zur Insel.

Unternehmungen auf den Inseln

1 Schwimmen

Auch wenn das Wasser kalt ist, besuchen viele im Sommer die Schären zum Schwimmen oder Paddeln. Zur beliebten Insel Grinda setzen Fähren von Stockholm in einer Stunde über. Der Bus 428X fährt von Slussen nach Björkvik, wo Sandstrände mit wunderschöner Aussicht locken.

2 Bauernhof

www.ostanviksgard.se

Der Bauernhof Östanviks Gård auf der Insel Nämdö bietet seinen Besuchern auch nette Gästezimer an. Der landwirtschaftliche Betrieb geht auf das 16. Jahrhundert zurück. Im Hofladen kann man viele der Erzeugnisse kaufen.

3 Kajaktouren

www.ingmarsokajak.se

Auf Ingmarsö kann man Einer- und Zweierkajaks mieten oder an geführten Kajaktouren teilnehmen. Die Bootsfahrt von Stockholm zum Südsteg von Ingmarsö dauert zweieinhalb Stunden.

Ingmarsö: Kajakparadies auch für Kinder

Sommerterrasse des Artipelag

4 Tagestouren mit Restaurantbesuch

www.visitskargarden.se

Organisierte Ausflüge ersparen den Aufwand der Tourplanung und Restaurantsuche – vor allem in der Hochsaison, wenn die Lokale stark frequentiert sind.

5 Blockhütten

www.skargardsstugor.se

Wochenend- oder auch längere Aufenthalte in einer Blockhütte bieten die Möglichkeit, ins Inselleben einzutauchen. Auf einigen Schären gibt es kaum Einkaufsmöglichkeiten – alkoholische Getränke sind oft gar nicht erhältlich –, man sollte also selbst ausreichend Proviant mitbringen. Spezielle Onlinebuchungsportale bieten Blockhütten an.

6 Bootswandern

www.waxholmsbolaget.se

Die Reederei Waxholmsbolaget bietet für 575 Kronen einen an fünf aufeinanderfolgenden Tagen gültigen Bootswanderpass an, der zur Nutzung aller Schiffe der Gesellschaft berechtigt. Mit dem Pass erhält man eine detaillierte Karte mit Routenvorschlägen und Angaben, wo man auf einer Insel ankommt, wie man sie zu Fuß überquert und an welcher Stelle die Fähren zur nächsten Insel ablegen.

7 Angeln

Angeln ist überall in Stock-
olms Skärgård ohne Angelschein
rlaubt. Ehrgeizige Petrijünger soll-
en einen Führer engagieren – diese
tellen meist auch Boot, Ausrüstung,
)veralls und Schwimmwesten. Die
remdenverkehrsbüros auf den In-
eln informieren über organisierte
ouren.

8 Bootsfahrten im Winter

www.stromma.se

m Winter lässt sich zwischen
ichnee und Eis die Stille des Schä-
engartens genießen. Strömma bie-
et samstags und sonntags eine
dreistündige Brunchtour auf der
70 Jahre alten S/S *Stockholm*.

Schiff der Reederei Waxholmsbolaget

9 Dampfschifffahrten

Im Hochsommer verkehren
m Schärengarten auch historische
)ampfschiffe. Die Linienfahrten eignen sich für Tagesausflüge nach
Vaxholm, nach Grinda oder zu ande-
en Inseln. Auch Tages- und Abend-
ahrten mit Menü sind im Angebot.

Touren

Bootsfahrpläne sind in allen SL-Büros *(siehe S. 107)* und Touristeninformationen erhältlich. Sie sind mitunter kompliziert, weil manche Boote nur an bestimmten Tagen fahren. Es empfiehlt sich, die Zeiten gründlich zu prüfen – insbesondere bei der Planung von Tagesausflügen Die Schären des mittleren und äußeren Archipels sind am schnellsten mit den Cinderella-Schiffen zu erreichen. Zu vielen Inseln gelangt man auch per Bus und einer kurzen Fährfahrt – Informationen bieten die Fahrpläne. Im Winter sind die Verbindungen eingeschränkt. Die größte Reederei Waxholmsbolaget bietet auf ihrer Website (www.waxholmsbolaget.se) Fahrpläne und Routenplaner auf Schwedisch und Englisch.

10 Camping

Da die Inseln öffentlich zugänglich sind, kann man fast überall zelten. Wer auf frisches Wasser und Toiletten nicht verzichten möchte, findet Zeltplätze, die wenig oder sogar nichts kosten.

Camping in Stockholms Skärgård

PRO MUNDI VITA.

TOP 10 ★ Stadshuset

Das aus rotem Backstein erbaute Rathaus von 1923 dominiert das Nordufer der Bucht Riddarfjärden und zählt zu den Wahrzeichen Stockholms. Es ist im Stil der schwedischen Nationalromantik gestaltet und vereint Elemente der nordischen Gotik und der norditalienischen Architektur. Das Stadshuset beherbergt Büros für rund 200 Lokalpolitiker und Beamte und ist alljährlich Veranstaltungsort des Nobelpreisbanketts.

1 Goldener Saal

Die byzantinisch inspirierten Wandmosaiken von Einar Forseth (1892–1988) im Festsaal *(rechts)* bestehen aus über 18 Millionen Glas- und Goldteilchen. Sie zeigen Motive aus der Geschichte Schwedens.

2 Statuen

Im Park stehen viele Skulpturen. Die Stufen zum Riddarfjärden hinab flankieren die Werke *Sången* (Der Gesang) und *Dansen* (Der Tanz) von Carl Eldh. Die Säule in der südöstlichen Ecke ziert eine Statue des Freiheitskämpfers Engelbrekt von Christian Eriksson.

3 Blauer Saal

Der Architekt Ragnar Östberg verzichtete darauf, die Backsteinwände des Saals wie ursprünglich geplant blau zu streichen, da ihn das natürliche Rot des Materials begeisterte. Der Name ist aber geblieben.

4 Ratssaal

In dem prunkvollen Saal *(links)* tagt an jedem dritten Montag das Stockholmer Stadtparlament. Die 19 Meter hohe Decke greift in ihrer Gestaltung die Zeit der Wikinger auf. Oben auf der Galerie können bis zu 200 Zuschauer den politischen Debatten beiwohnen.

Vorhergehende Doppelseite Die Schlosskirche im Kungliga slottet

6 Turm

Die Aussichtsterrasse des 106 Meter hohen Turms *(links)* bietet wunderschönen Blick auf die Altstadt und die City. Bis auf halbe Höhe fährt ein Lift hinauf. Auch das Turmmuseum ist sehenswert.

7 Ovalen

In diesem Raum, den historische Wandteppiche aus dem französischen Beauvais schmücken, werden Ehen geschlossen.

Nobelpreisbankett

Das Bankett findet alljährlich am 10. Dezember im Anschluss an die Verleihung der Nobelpreise im Blauen Saal des Stadshuset statt. 1300 geladene Gäste – darunter die königliche Familie und 250 ausgewählte Studierende – lauschen den Ansprachen der Preisträger und einem Toast im Gedenken an den Stifter. Die Veranstaltung wird landesweit live im Fernsehen übertragen.

5 Drei Kronen

Schwedens Wappenzeichen aus dem 14. Jahrhundert krönt die Spitze des Rathausturms.

8 Prinzengalerie

Die hohen Fenster der südlichen Galerie *(oben)* bieten Aussicht auf den Mälaren und auf Södermalm. Das Fresko *Stockholms Küsten* (1922) an der gegenüberliegenden Wand *(oben)*, gemalt von Prinz Eugen, dem Bruder König Gustavs V. von Schweden, greift dieses Motiv auf.

9 Stadshuskällaren

Das Restaurant in den Kellergewölben des Rathauses serviert Klassiker wie Fleischbällchen oder marinierten Lachs *(siehe S. 75)*.

10 Stadhusparken

Der Park *(unten)* an der Südseite des Stadshuset bietet Blick auf die Bucht Riddafjärden und ist bei Sonnenanbetern beliebt.

Infobox

Karte K4 ■ Hantverkargatan 1 ■ +46 8 5082 9058 ■ Bus 3, 53 ■ Tunnelbana: Rådhuset ■ www.stockholm.se/cityhall

■ tägl. ab 10 Uhr, nur im Rahmen einer Führung (stündl.)

■ Eintritt 140 Kr (ermäßigt 120 Kr), Kinder & Jugendliche (7–19 Jahre) 60 Kr

■ Turm: Mai – Sep; Eintritt 80 Kr, unter 11 Jahren frei

■ Park: tägl. 7.30 – 18 Uhr (Juni – Sep bis 20 Uhr); Eintritt frei

■ Gute Fotos gelingen vom Fußweg der Eisenbahnbrücke östlich des Stadshuset.

■ Gleich neben dem Rathaus verkauft ein Kiosk Eis und Getränke.

TOP 10 ★ Schloss Drottningholm

Das Schloss und der Park entstanden im 17. und 18. Jahrhundert nach dem Vorbild französischer Anlagen wie Versailles. Der Komplex gehört seit 1991 zum UNESCO-Welterbe. Die Räume im Südflügel sind ständiger Wohnsitz der königlichen Familie, die anderen Teile des Baus und die Außenanlagen können besichtigt werden. Mitte des 19. Jahrhunderts wurde das Anwesen wegen Baufälligkeit aufgegeben. Erst nach umfangreichen Renovierungsarbeiten ab 1907 konnte die königliche Familie das Schloss wieder nutzen.

1 Bibliothek

Die Schlossbibliothek ließ Königin Lovisa Ulrika im 18. Jahrhundert von Jean Eric Rehn gestalten. Die Gemälde zeigen historische Ereignisse wie die Überquerung des Großen Belts in Dänemark 1658.

2 Naturlehrpfad

Beim Spaziergang entlang des Pfads nahe dem Kina slott (Chinesischer Pavillon) erfährt man eine Menge über Fauna, Flora und Kulturgeschichte der Insel Lovön, auf der sich Schloss Drottningholm befindet. Alle Informationstafeln sind auch in Braille beschriftet.

3 Schlosstheater

Interieur, Bühnenbild und Bühnentechnik des Theaters von 1766 sind erhalten. Im Sommer werden vor allem Opern und Ballett aus dem 18. Jahrhundert zur Aufführung gebracht.

4 Prunkschlafzimmer von Hedvig Eleonora

Der prächtige Raum *(unten)* war im 17. Jahrhundert der bedeutendste Empfangssalon. Die Anfertigung des Dekors dauerte 15 Jahre.

5 Barockgarten

Der älteste Teil ıes Schlossparks *(unten)* st im französischen Stil ehalten. Viele der Staıuen stammen aus Städen, die das schwedische Ieer einst eroberte, z. B. ıus dem Palais Waldtein in Prag.

6 Kina slott

Der Pavillon war ein Geschenk von König Adolf Fredrik an seine Frau Lovisa Ulrika und entstand 1753 in einem als »typisch chinesisch« geltenden Stil. Zur jener Zeit bestand großes Interesse an der chinesischen Kultur.

7 Wache-Zelt

Das im Stil eines türkischen Heerlagerzelts erbaute Quartier *(oben)* für die Dragoner von König Gustav III. dient als Museum zur Geschichte der königlichen Garde von Schloss Drottningholm.

8 Treppenhaus

Große Statuen der neun Musen zieren die Balustrade. Die Trompe-l'Œil-Malereien an den Wänden stammen von Johan Sylvius.

9 Atelier Evert Lundquists

Das Jugendstilatelier *(unten)* ist heute ein Museum und präsentiert zahlreiche Arbeiten von Evert Lundquist (1904–1994).

Königliche Residenz

Drottningholm wurde im Jahr 1981 wieder zur offiziellen königlichen Residenz. Seit seinem Bau 300 Jahre zuvor war das Schloss den Launen der Monarchen ausgesetzt, die es entweder schätzten und pflegten oder vernachlässigten. Unter König Karl XIV. Johann (1818–1844) wurde Drottningholm gänzlich aufgegeben. Das Anwesen verfiel, bis nacheinander Oskar I., Oskar II. und Gustav V. umfassende Renovierungsarbeiten durchführen ließen.

10 Dampfschifffahrten

Von Mai bis Oktober fahren Dampfer vom Stockholmer Stadtzentrum über den Mälaren nach Drottningholm (www.stromma.se). Startpunkt ist der Fähranleger Stadshusbron neben dem Rathaus.

Infobox

Karte G2 ■ Lovön ■ +46 8 402 6100 ■ Tunnelbana: Brommaplan, dann Bus ■ Fähre ab Stadshuskajen ■ www.kungligaslotten.se

■ Mai–Sep: tägl. 10-17 Uhr; Okt–Apr: Sa, So & Feiertage 10–16 Uhr ■ Eintritt 160 Kr (ermäßigt 140 Kr), Kinder & Jugendliche (7–17 Jahre) 80 Kr; inkl. Führung 210 Kr (erm. 190 Kr), Kinder 130 Kr

Kina slott: Mai–Sep: Sa & So 11–17 Uhr (Juni–Aug tägl.)

■ Ein Ausflug zum Schloss Drottningholm lohnt sich auch für Reisende mit kleinerem Budget: Schlosspark und Wache-Zelt sind kostenlos zu besichtigen.

■ Im Besucherzentrum gibt es nicht nur Eintrittskarten, sondern auch Infomaterial, einen Souvenirladen und ein Restaurant.

TOP 10 Kungliga slottet

Das »Königliche Schloss«, eine der Hauptattraktionen Stockholms, wartet mit über 600 prunkvollen Räumen voller kostbarer Juwelen und Kunstwerke auf. Es zählt zu den größten noch heute für repräsentative und zeremonielle Zwecke genutzten Schlössern Europas. Erbaut wurde es von Nicodemus Tessin d. J. am Standort der Burg Tre Kronor, die 1697 fast vollständig abgebrannt war. Der Stil erinnert an einen barocken italienischen Palazzo. Das Schloss beheimatet fünf Museen. Auch der Wachwechsel der königlichen Garde ist sehenswert.

1 Museum Tre Kronor

An einem Verteidigungswall aus dem 12. Jahrhundert bergen Gewölbe aus dem 16./17. Jahrhundert ein Museum *(unten)*, das Besucher in die Zeit der ursprünglichen Burg Tre Kronor – Vorläuferbau des heutigen Schlosses – führt.

2 Bernadotte-Räume

Im Östra Åttkantiga Kabinettet empfängt der König Würdenträger. Auch die Bibliothek von Königin Lovisa Ulrika im Stil des 18. Jahrhunderts *(links)* ist beeindruckend.

3 Schlosskirche

In der prächtigen Kirche wird sonntags für die Hofangestellten die Messe gelesen. Auch Besucher sind willkommen. Manchmal finden hier Konzerte statt.

4 Antikenmuseum Gustavs III.

Das Museum beherbergt u. a. eine Sammlung antiker Statuen, die König Gustav III. 1783/84 bei einem Besuch in Italien erwarb.

5 Reichssaal

Im Reichssaal befindet sich der Silberthron von Königin Kristina. Kristina wurde im Alter von nur sechs Jahren zur Regentin Schwedens gekrönt. Sie dankte mit 28 Jahren ab.

6 Gästetrakt

Der Meleagersalongen verbindet Elemente des Rokoko und des gustavianischen Stils. Er birgt ein kostbares Schrankklavier aus Mahagoni mit Pilastern aus Marmor.

8 Königliche Garde

Die königliche Garde *(links)*, ein Regiment des schwedischen Heeres, bewacht das Schloss seit 1523. Täglich um 12 Uhr findet die gelegentlich von Musik begleitete Wachablösung statt.

7 Prunkräume

Die königliche Familie lebt seit 1981 auf Schloss Drottningholm *(siehe S. 24f)*. Das Kungliga slottet ist von ihren Vorfahren geprägt. Der Ballsaal *(oben)* zeigt die Eleganz des 18. Jahrhunderts.

Schlossgeschichte

Das Kungliga slottet steht auf den Fundamenten der Burg Tre Kronor, die im 13. Jahrhundert erbaut und im 16. Jahrhundert erweitert wurde. 1692 begann Nicodemus Tessin d. J., die Burg in ein Schloss umzuwandeln, doch 1697 brannte der Bau bis auf den Nordflügel nieder. Tessin legte der Regierung Pläne für ein neues Schloss vor, das innerhalb von fünf Jahren gebaut werden sollte. Es wurde jedoch erst 1754 fertiggestellt.

9 Galerie Karls XI.

Die Galerie ist Kulisse von Staatsbanketten. Alljährlich werden auch die Nobelpreisgewinner zum Diner in den prunkvollen Saal eingeladen.

10 Schatzkammer

Tief in den Gewölben werden die schwedischen Reichsregalien verwahrt. Das silberne Taufbecken von 1696 wird bis heute bei königlichen Taufen genutzt.

Infobox

Karte M4 ■ Slottsbacken, Gamla stan ■ +46 8 402 6100 ■ Tunnelbana: Gamla stan, Kungsträdgården; Bus 2, 76 ■ www.kungligaslotten.se

■ tägl. 10–16 Uhr (Mai–Sep bis 17 Uhr)

■ Eintritt 180 Kr (ermäßigt 160 Kr), Kinder & Jugendliche (7–17 Jahre) 90 Kr; inkl. Führung 230 Kr (erm. 190 Kr), Kinder 140 Kr

Antikenmuseum Gustavs III.: Mai–Sep: tägl.

■ Das Ticket fürs Schloss beinhaltet Schatzkammer und Museum Tre Kronor.

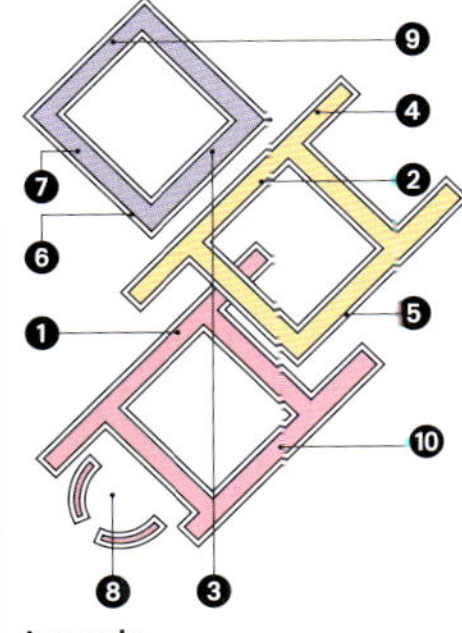

Legende

Erdgeschoss

Erster Stock

Zweiter Stock

TOP 10 Gröna Lund

Schwedens ältester Vergnügungspark wurde im Jahr 1883 eröffnet. Der traumhaft am Wasser gelegene »Grüne Hain« bietet einen einzigartigen, alle Altersstufen ansprechenden Mix aus modernen Fahrgeschäften und altmodischem Flair. Neben mehreren Achterbahnen bieten Karussells aus dem 19. Jahrhundert und traditionelle Schausteller auch ruhigere Formen der Unterhaltung. Als Konzertbühne hat der Park schon berühmte Acts angelockt.

1 Achterbahnen

Der Park bietet mehrere Achterbahnen. Die Jetline erreicht eine Geschwindigkeit von 90 Kilometer pro Stunde. Nyckelpigan eignet sich für alle Altersgruppen. 2021 wurde mit Monster die bisher spektakulärste Achterbahn eröffnet.

2 Bühnen

Gröna Lund verfügt über eine kleine und eine große Bühne. Einige der dort veranstalteten Konzerte sind im Eintrittspreis für den Vergnügungspark inbegriffen, Großveranstaltungen mit Top Acts kosten extra.

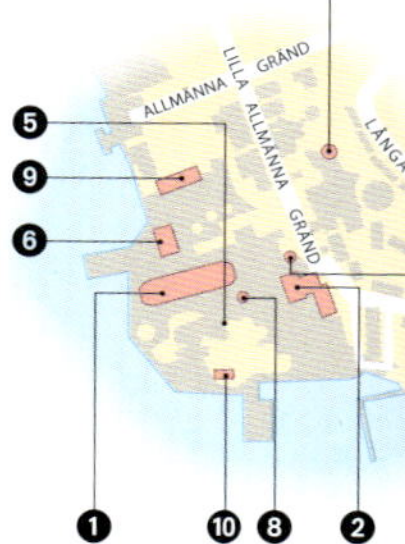

3 Cirkuskarusellen

Das wunderschöne, 1892 in Deutschland gebaute Karussell *(links)* mit hölzernen Pferden, Löwen und Schweinen bereitet Kindern großen Spaß.

4 Fritt Fall

Als einer der höchsten Freifalltürme Europas eignet sich dieses Fahrgeschäft nur für Leute ohne Höhenangst und mit sehr robustem Magen: Die Passagiere stürzen 80 Meter hinab. Beim Fritt Fall Tilt werden die Wagen zusätzlich nach vorn gekippt.

5 Blå Tåget

Die klassische Geisterbahn *(unten)* aus dem Jahr 1935 wurde 2011 erneuert. Seitdem werden Fahrgäste mit moderner Technik erschreckt.

6 Lustiga Huset

Das »Lustige Haus«, eine Attraktion aus den 1920er Jahren, war Vorbild für ähnliche Anlagen auf der ganzen Welt. Verrückte Zimmer und wackelige Brücken sorgen für Vergnügen.

7 Restaurants & Bars

Neben Restaurants bietet Gröna Lund Bars sowie Kioske, die Waffeln und Eiscreme verkaufen. Auch mexikanische und Thai-Gerichte, Kebab, Falafel und Burger sind zu haben.

8 Eclipse

Das 122 Meter hohe Kettenkarussell *(rechts)* vom Typ Starflyer bietet zwölf Doppelsitze. Während der Fahrt genießt man exzellenten Rundumblick auf Stockholm und Umgebung.

9 Kärleks-tunneln

Der »Liebestunnel« führt durch eine glitzernde Märchenwelt – ideal für zärtliche Momente zu zweit.

Geschichte von Gröna Lund

Die erste große Attraktion des Parks war ein von Pferden bewegtes Karussell. Gustav Nilsson, Sohn des Parkgründers Jacob Schultheis, führte in den 1920er Jahren moderne Fahrgeschäfte ein. In den 1960er Jahren erlangte Gröna Lund als größtes Gelände für Open-Air-Konzerte enorme Popularität. Seinen Wurzeln bleibt der Park jedoch treu: Die meisten Bauten stammen noch immer aus dem 19. Jahrhundert.

10 Flygande Mattan

Wer sich bei diesem »Fliegenden Teppich« auf einen wilden Ritt à la Aladin freut, wird nicht enttäuscht.

Infobox

Karte R6 ■ Lilla Allmänna gränd 9, Djurgården ■ +46 10 708 7000 ■ Tunnelbana: Karlaplan; Tram 7; Bus 67; Fähre ab Slussen ■ www.gronalund.com

■ Apr – Sep; wechselnde Öffnungszeiten & Eintrittspreise (siehe Website)

■ An allen Eingängen und Ticketschaltern, Ständen und Kiosken sowie in den Souvenirläden werden auch Euroscheine (bis 50 €) angenommen. Das Rückgeld erhält man dann in Kronen. Im Service-Center links vom Haupteingang werden Euro in Kronen gewechselt.

■ Der Vergnügungspark möchte auch Menschen mit Behinderung einen angenehmen Aufenthalt ermöglichen. Infos dazu gibt es unter www.gronalund.com/accessability.

■ Karten für Großkonzerte oder das aktuelle Musical *Mamma Mia!* muss man frühzeitig ordern.

TOP 10 Nordiska museet

Das »Nordische Museum« illustriert das schwedische Alltagsleben vom 16. Jahrhundert bis heute. Es wurde von Artur Hazelius gegründet, der auch Skansen *(siehe S. 12f)* ins Leben rief. Das Museum ist in einem beeindruckenden Gebäude im Renaissancestil ansässig. Die mehr als 1,5 Millionen Exponate bieten Besuchern bei der Erkundung verschiedener Aspekte der schwedischen Kulturgeschichte eine immense Auswahl.

1 Traditionen

Warum und wann isst man in Schweden *semlor* (mit Marzipan und Schlagsahne gefüllte Hefeteilchen)? Welchen Ursprung hat die Mittsommerstange? Wie entstanden die Weihnachtsbräuche? Diese Ausstellung über Feste im Jahresverlauf liefert Antworten.

4 Fotografien

Zu sehen sind bekannte wie auch selten gezeigte Werke *(links)* von Kerstin Bernhard (1914–2004), die sich u. a. der Modefotografie widmete.

5 Tafelarrangements

Nachbildungen beleuchten die schwedische Esskultur vom 16. bis 20. Jahrhundert und die Entwicklung von Besteck und Trinkgefäßen.

2 Hauptsaal

Im ersten Saal des Museums begrüßt eine monumentale Statue von König Gustav I. Wasa *(rechts)* die eintretenden Besucher. Sie wurde 1924 von Carl Milles aus Eichenholz geschnitzt.

3 Puppenhäuser

15 alte Puppenhäuser reflektieren den Wohnstil vergangener Epochen.

6 Sámi-Kultur in Schweden

Die Sámi sind die nördlichste indigene Volksgruppe Europas. Die Ausstellung zeigt den traditionellen Lebensstil der Sámi und ihren Einfluss auf die schwedische Kultur.

August Strindberg

Der berühmte Autor, Regisseur, Maler und Fotograf (1849–1912) interessierte sich sehr für die Planung des Nordiska museet und steuerte selbst einige Ideen bei. Nach seinem Tod ging ein Großteil seines Besitzes an das Museum.

Renaissance-Museumsbau

8 Schwedische Volkskunst (18./19. Jh.)

Die von Generation zu Generation überlieferte Volkskunst erlebte im 18. und 19. Jahrhundert eine Blütezeit. Bis heute übt sie großen Einfluss auf zeitgenössisches schwedisches Design aus *(oben)*.

9 Strindberg-Sammlung

Von der weltweit größten Sammlung von Gemälden August Strindbergs sind 16 Werke ausgestellt. Originalmanuskripte und einige von Strindbergs eigenen Fotografien runden die Ausstellung ab.

7 Kleinobjekte 1700–1900

Die Sammlung ist Artur Hazelius zu verdanken, der ab 1872 Objekte sammelte. Er erwarb auf Reisen durch Schweden alle nur erdenklichen Haushaltsgegenstände, u. a. winzige Nadeln.

Infobox

Karte Q4 ■ Djurgårdsvägen 6–16 ■ +46 8 5195 4600 ■ Tunnelbana: Karlaplan; Tram 7; Bus 67, 69, 76 ■ www.nordiskamuseet.se

■ tägl. 10–17 Uhr (Sep–Mai: Mi bis 20 Uhr)

■ Eintritt 170 Kr (ermäßigt 150 Kr), unter 19 Jahren frei (keine Barzahlung möglich)

■ Mit mehrsprachigem Audioguide und Übersichtsplan lassen sich die Attraktionen des Museums in gut einer Stunde erkunden. Die Tour führt durch die Ausstellungsräume und erläutert Geschichte und Architektur des Museums.

■ Das Museumsrestaurant serviert traditionelle schwedische Gerichte.

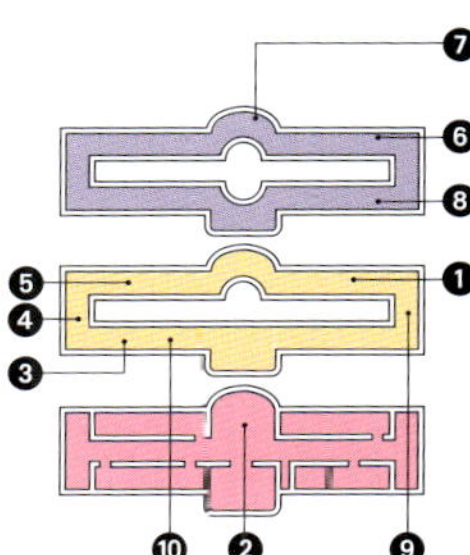

Legende

- Erdgeschoss
- Erster Stock
- Zweiter Stock

10 1950er Jahre

Die Ausstellung *(unten)* zeigt Kleidung aus den 1950er Jahren, als die Mode von Wirtschaft und Wandel beeinflusst war. Zu sehen sind Alltags- und Festtagskleidung von modebewussten Damen aus der Stadt und vom Land.

TOP 10 Historiska museet

Schwedens 1943 eröffnetes Staatliches Historisches Museum widmet sich der frühen Geschichte des Landes, der Schwerpunkt liegt auf der Zeit von den ersten Siedlungen bis zum Mittelalter. Berühmt ist vor allem seine »Goldkammer«, hinter deren Stahlbetonmauern 52 Kilogramm Gold- und 250 Kilogramm Silberschätze – vorwiegend aus dem Zeitraum von Bronzezeit bis Mittelalter – lagern.

1 Schlacht von Visby

Eine Reihe von Objekten *(oben)* veranschaulicht die Schrecken der Schlacht von Visby 1361, bei der dänische Soldaten auf der Insel Gotland ein Bauernheer niedermetzelten.

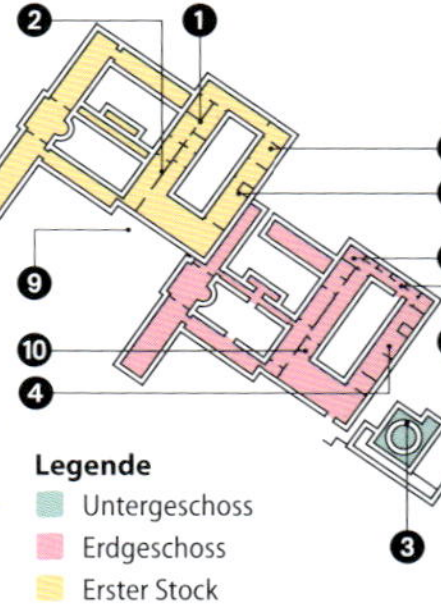

2 Viklau-Madonna

Skulpturen wurden in Schweden lange Zeit vor allem aus Holz gefertigt. Das reich vergoldete und farbenfrohe Marienbildnis datiert aus dem frühen Mittelalter und gilt als eine der besterhaltenen Darstellungen aus jener Zeit. Es stammt aus der auf der Insel Gotland gelegenen Kirche von Viklau.

3 Guldrummet

Zu den Schätzen in der »Goldkammer« *(unten)* zählen Schmuckstücke aus der Bronzezeit und ein mit Edelsteinen besetztes Reliquiar aus dem Mittelalter.

4 Wikinger

Die neben diversen verzierten Schwertern ausgestellten Alltagsgegenstände *(oben)* relativieren die Mythen, die sich um das Volk ranken. Sie belegen, dass Wikinger auch ein friedliches Leben als Kaufleute führten.

5 Kunst des Mittelalters

Diese einzigartige Ausstellung zeigt vor allem sakrale Objekte wie kunstvolle Altarbilder und zierende Holzschnitzereien sowie andere religiöse Kunst aus dem 12. bis 16. Jahrhundert.

6 History Unfolds

Die faszinierende Ausstellung beleuchtet die Geschichte Schwedens und ihren Einfluss auf die moderne Gesellschaft. Die Auswahl der Exponate liefert viele neue Denkanstöße.

7 Alunda-Elch

Der aus Stein gefertigte Elchkopf diente als Zeremonialaxt. In der Steinzeit symbolisierten Tiere wie Elche und Bären die Götter.

8 Funde aus der Bronzezeit

Sehr viele der wertvollen, rund 3000 Jahre alten Artefakte wurden durch Zufall entdeckt, so auch die Bronzefiguren *(links)* aus Skåne. Andernorts stolperten ein Leutnant und seine Tochter 1847 bei einem Spaziergang über eine goldene Schale. Eine Witwe grub 1859 einen Goldbecher aus und erhielt dafür sechs Monatslöhne.

Bronzetüren

Die imposanten Bronzetüren des Historiska museet tragen den Namen *Historiens Portar* (»Tore der Geschichte«). Der schwedische Bildhauer Bror Marklund benötigte 13 Jahre für die Gravuren, die Szenen aus Schwedens Geschichte von der Steinzeit bis zum Mittelalter zeigen. Einzige Ausnahme ist die Pilsenerflasche auf der rechten Tür – eine Hommage an die Arbeiter, die das Museum erbauten.

9 Geschichte Schwedens

In der Ausstellung wird die Historie des Landes ab dem 11. Jahrhundert anhand der Lebensgeschichten berühmter und weniger bekannter Personen nachvollzogen.

10 Frau von Barum

Das 1939 gefundene Skelett *(oben)* stammt aus der Steinzeit. Analysen ergaben, dass die Frau 155 Zentimeter groß war, im Alter von etwa 45 Jahren starb und mehrere Kinder geboren hatte. Sie wurde sitzend in einer Grube begraben.

Infobox

Karte Q2 ■ Narvavägen 13–17 ■ +46 8 5195 5600 ■ Tunnelbana: Karlaplan, Östermalmstorg; Tram 7 bis Djurgårdsbron; Bus 67, 69, 76 ■ www.historiska.se

■ Sep–Mai: Di–So 11–17 Uhr (Mi bis 20 Uhr); Juni–Aug: Di–So 11–18 Uhr

■ Eintritt 150 Kr, unter 19 Jahren frei

■ Für einen Großteil der Ausstellungen sind Audioführer in mehreren Sprachen erhältlich.

■ Eine Reihe von Aktivitäten für Kinder bedient fast alle Altersstufen. Es gibt z. B. einen Geschichtspfad von der Wikingerzeit bis ins Mittelalter, Führungen und Themenwochenenden. Auch Kinder-Audioguides sind zu haben.

■ Das Restaurant Rosengården, das man auch ohne Museumsticket besuchen kann, bietet Mittagessen, Snacks und Getränke.

TOP 10 Hagaparken

Der weitläufige historische Park nördlich der Stadt zählt zu den beliebtesten Grünanlagen Stockholms. König Gustav III. ließ das Areal Ende des 18. Jahrhunderts im englischen Stil gestalten. Zwischen den rund 26 000 Bäumen erstrecken sich Rasenflächen und Fußwege. 1786 bis 1793 entstanden u. a. die Kinesiska pagoden, die Koppartälten und der Ekotemplet. Der Park bezaubert zu jeder Jahreszeit.

1 Stora Pelousen

Das Areal – *pelouse* bedeutet im Französischen Liegewiese – dient den Stockholmern seit gut 200 Jahren als Erholungsfläche. Im Sommer suchen viele Sonnenhungrige, im Winter Skiläufer das Gelände auf.

2 Cafés

Die Koppartälten (»Kupferzelte«) beinhalten ein Café und einen Picknickraum. Ein weiteres Café im Park serviert frisch gebackene Zimtschnecken und Imbisse.

3 Ekotemplet

Den »Echotempel« *(links)*, heute ein Nationaldenkmal, ließ König Gustav III., der gern im Freien speiste, im Jahr 1790 als sommerliches Esszimmer erbauen.

4 Koppartälten

Die mit bemalten Kupferplatten verzierten »Zelte« *(oben)* erinnern an das Feldlager eines Sultans. Im mittleren Zelt befindet sich das Haga parkmuseum.

Infobox

Karte G2 ■ 4 km nördl. von Stockholm ■ +46 8 402 6100 ■ Tunnelbana: Odenplan, dann Bus 515 nach Haga södra; Bus 57 von Slussen, Sergels torg & weiteren Haltestellen Richtung Karolinska Sjukhuset bis Haga norra / Haga södra

■ www.kungligaslotten.se

■ ganzjährig rund um die Uhr geöffnet

Haga parkmuseum: bis auf Weiteres geschl.

Pavillon Gustavs III.: Juni – Aug: Di – So, nur im Rahmen einer Führung; Eintritt 140 Kr (ermäßigt 70 Kr), unter 7 Jahren frei

Fjärilshuset: +46 8 730 3981; tägl. 10 – 16 Uhr; Eintritt 249 Kr (ermäßigt 198 Kr), Kinder (3 – 15 Jahre) 149 Kr; www.fjarilshuset.se

■ Einen kostenlosen englischsprachigen Audioführer gibt es als Web-App (https://webapp.onspotstory.com).

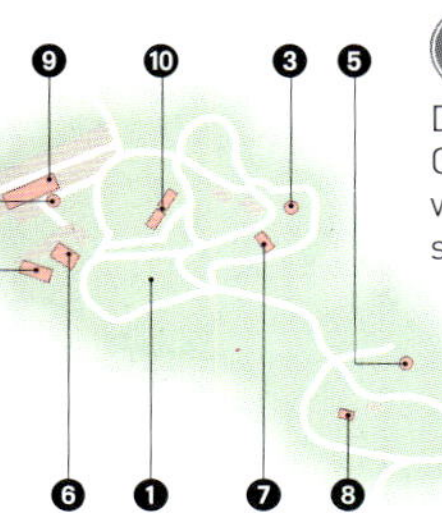

6 Haga parkmuseum

Das Museum zeigt das Originalmodell des nie vollendeten Lustschlosses, dessen Bau König Gustav III. wenige Jahre vor seiner Ermordung in Auftrag gab. Außerdem bietet es interessante Informationen über Personen, die mit dem Schloss in Verbindung stehen.

Carl Michael Bellman

Viele Texte des von König Gustav III. geförderten Dichters und Komponisten (1740–1795) werden mit dem Hagaparken verbunden, doch ausdrücklich besingt diesen nur das beliebte Lied *Fjäriln vingad syns på Haga*, das dessen Schönheit beschreibt und das viele Schweden auswendig vortragen können.

5 Kinesiska pagoden

Die offene achteckige »Chinesische Pagode« stammt aus dem Jahr 1787. Das zeltförmige Dach wurde mit Glocken und Drachenköpfen verziert. Bei einer Restaurierung im Jahr 1974 ersetzte man die Eichen- durch Kunststoffköpfe.

7 Pavillon Gustavs III.

Das Schlösschen *(oben)* wurde 1787 nach dem Vorbild antiker Villen in Pompeji erbaut. Die römische Stadt war wenige Jahrzehnte zuvor wiederentdeckt worden.

8 Turkiska kiosken

Im »Türkischen Kiosk« (1788) traf sich König Gustav III. mit seinen Beratern. Die Originalmöbel verteilen sich derzeit auf andere Schlösser, sollen aber in Zukunft wieder im »Kiosk« zu sehen sein.

9 Fjärilshuset

Im »Schmetterlingshaus« herrschen selbst im tiefsten Winter Temperaturen um 25 °C. In den Gewächshäusern gedeiht ein tropischer Regenwald, den bunte Schmetterlinge *(unten)*, exotische Insekten, Spinnen und Papageien bevölkern.

10 Schlossruine

Die Arbeiten an dem Lustschloss *(links)* begannen 1786, wurden aber nach der Ermordung König Gustavs III. eingestellt und nicht wieder aufgenommen.

Themen

Gotischer Innenraum der Stockholmer Domkirche Storkyrkan

TOP 10 Historische Ereignisse

1 1252: Gründung Stockholms

Stockholm wird im 13. Jahrhundert erstmals schriftlich erwähnt. Der sich von *stock* (Baumstamm) und *holm* (kleine Insel) ableitende Name bezog sich wohl auf die Holzbauten im Gebiet von Gamla stan, insbesondere auf die 1252 errichtete Burg des Regenten Birger Jarl. Diese schützte die Passage vom Mälaren zur Ostsee, eine wichtige Handelsstrecke der Hanse. An der Stelle der ursprünglichen Burg steht heute das Kungliga slottet.

2 1520: Stockholmer Blutbad

Das Ringen Dänemarks um die Herrschaft über Schweden gipfelte 1520 in der Hinrichtung von über 80 Anhängern Sten Stures, die vor allem dem Adel und dem Klerus angehörten. Das Blutbad auf dem Stortorget vor der Burg Tre Kronor fachte den Widerstand gegen die Dänen an.

Porträt von Gustav I. Wasa

3 1523: König Gustav I. Wasa

Der dem Stockholmer Blutbad entkommene Adlige wurde nach seiner erfolgreichen Rebellion gegen Dänemark am 6. Juni 1523 zum König gekrönt. Seine 37-jährige Regentschaft, in der er das Land einte und den evangelisch-lutherischen Glauben etablierte, wird als Geburt des modernen Schwedens erachtet.

4 1792: Ermordung Gustavs III.

Als Förderer der Künste gründete Gustav III. u. a. die Svenska Akademien und die Königliche Oper. Zudem setzte er Reformprozesse in Gang. Der Widerstand gegen seine absolutistische Herrschaft und seine kostspielige Außenpolitik gipfelte in einem Attentat: Gustav II. wurde am 16. März 1792 angeschossen und verstarb zwei Wochen später.

5 1871: Industrialisierung

Mit dem Bau der Eisenbahnlinie in Nord-Süd-Richtung begann Stockholms Industrialisierung. Nach der Gründung der Telefongesellschaft Ericsson im Jahr 1876 wurde die Hauptstadt mit einem weitflächigen Telefonnetz ausgestattet.

6 1912: Olympische Spiele

Das für die Olympischen Sommerspiele 1912 erbaute Stadion wird noch heute für Sportveranstaltungen und Konzerte genutzt. Die exzellent organisierten Spiele, bei denen erstmals elektronische Zeitmessung und Zielfotografie zum Einsatz kamen, galten als »Schwedisches Meisterstück«.

Stockholmer Blutbad (Radierung)

7 1936: Aufstieg der Sozialdemokraten

Schwedens Sozialdemokratische Arbeiterpartei dominierte von 1936 bis in die 1980er Jahre die Politik des Landes. Sie etablierte den modernen Wohlfahrtsstaat. In den 1930er und 1940er Jahren gab es kaum noch Armut in Schweden, fast das ganze Land war an das Strom- und Straßennetz angebunden. Die Partei prägte auch die Entwicklung Stockholms im 20. Jahrhundert.

8 1965: Millionenprogramm

Die Reaktionen auf das Programm, bei dem eine Million Wohnungen gebaut wurden, waren gemischt. Kritiker bemängelten die einfallslose Architektur der Wohnblöcke.

Olof Palme im Jahr 1980

9 1986: Ermordung Olof Palmes

Der Mord an seinem beliebten Ministerpräsidenten am 28. Februar 1986 in Stockholm traf Schweden ins Mark. Palme war nach einem Kinobesuch erschossen worden; die Tat blieb ein Rätsel, bis die Staatsanwaltschaft 2020 den bereits verstorbenen Grafikdesigner Stig Engström zum Täter erklärte.

10 21. Jahrhundert

Schweden gilt als Land mit stabiler Wirtschaft und als führend in vielen Technologien und in Design. Gleichberechtigung und Nachhaltigkeit werden großgeschrieben. Beim OECD Better Life Index liegt Schweden stets auf einem vorderen Platz.

Berühmtheiten aus Schweden

Denkmal für Astrid Lindgren

1 Carl von Linné (1707–1778)
Der Botaniker begründete die biologische und zoologische Taxonomie und machte zur Erforschung der Arten weite Reisen.

2 Alfred Nobel (1833–1896)
Der Chemiker und Erfinder besaß selbst 355 Patente und begründete mit seinem Vermögen den Nobelpreis.

3 August Strindberg (1849–1912)
Der Schriftsteller, der auch Maler und Fotograf war, schrieb über 60 Dramen und zehn Romane und gilt als Vater der modernen schwedischen Literatur.

4 Tage Erlander (1901–1985)
Der schwedische Ministerpräsident war 23 Jahre im Amt.

5 Dag Hammarskjöld (1905–1961)
Der UN-Generalsekretär (ab 1953) kam bei einem Flugzeugabsturz im heutigen Sambia ums Leben.

6 Greta Garbo (1905–1990)
Der Hollywoodstar beendete seine Karriere mit 43 Jahren.

7 Astrid Lindgren (1907–2002)
Die *Pippi-Langstrumpf*-Reihe der beliebten Kinderbuchautorin wurde in 64 Sprachen übersetzt.

8 Ingmar Bergman (1918–2007)
Der Regisseur von über 60 Filmen gilt vielen seiner Kollegen als der vielleicht größte Filmkünstler.

9 Olof Palme (1927–1986)
Der zweimalige Ministerpräsident prägte die Innen- und Außenpolitik Schwedens.

10 Greta Thunberg (geb. 2003)
Die Umweltaktivistin machte im September 2019 mit ihrem Schulstreik auf die Klimakrise aufmerksam und startete damit die inzwischen weltweite Bewegung »Fridays for Future«.

TOP 10 Kirchen

1 Tyska kyrkan

Die »Deutsche Kirche« aus dem 17. Jahrhundert erinnert daran, dass im Mittelalter viele deutsche Kaufleute in Stockholm lebten. Sie ist der heiligen Gertrud, der Schutzpatronin der Reisenden, geweiht. Die 1672 erbaute Galerie war Mitgliedern des deutschen Königshauses vorbehalten *(siehe S. 88)*.

Buntglasfenster, Tyska kyrkan

2 Storkyrkan

Die Geschichte der Stockholmer Domkirche reicht bis ins 13. Jahrhundert zurück. Bernt Notkes Skulptur des heiligen Georg mit dem Drachen von 1489 erinnert an die Schlacht am Brunkeberg. Das Gemälde *Vädersolstavlan*, das Nebensonnen über Stockholm im Jahr 1535 zeigt, gilt als älteste farbige Ansicht der Stadt *(siehe S. 86)*.

3 Högalidskyrkan

Karte B5 ▪ Högalids Kyrkväg ▪ +46 8 616 8800 ▪ tägl. 10–17 Uhr

Die im nationalromantischen Stil erbaute Kirche wurde 1923 vollendet. Angeblich wurde der Bau von zwei Schwestern finanziert, die unterschiedlich wohlhabend waren. Aus einer bestimmten Perspektive betrachtet, scheint einer der beiden Türme den anderen zu überragen – beide sind jedoch 84 Meter hoch.

4 Gustav Vasa kyrka

Karte B2 ▪ Odenplan ▪ +46 8 5088 8600 ▪ Mo–Do 11–18 Uhr, Fr–So 11–15 Uhr

Die Kuppel der nach Gustav I. Wasa benannten Kirche von 1906 zeigt sich im Stil des italienischen Neobarocks. Schwedens größte Barockskulptur, die Burchardt Precht 1725 bis 1731 für den Dom zu Uppsala schuf, ziert den Altar.

5 Adolf Fredriks kyrka

Karte L1 ▪ Holländargatan 16 ▪ +46 8 207 076 ▪ Mo 13–18 Uhr, Di, Mi & Fr–So 10–16 Uhr, Do 10.30–16 Uhr

Die 1774 vollendete Kirche hat den Grundriss eines griechischen Kreuzes und eine zentrale Kuppel. Sie birgt ein Denkmal für den französischen Philosophen Descartes von Johan Tobias Sergel. Auf dem Friedhof liegt der frühere schwedische Ministerpräsident Olof Palme *(siehe S. 39)* begraben.

6 Riddarholmskyrkan

Karte L5 ▪ Birger Jarls torg ▪ +46 8 402 6100 ▪ Mai–Sep: tägl. 10–17 Uhr ▪ Eintritt ▪ www.kungligaslotten.se

Die Kirche ist seit dem Mittelalter königliche Begräbniskirche und eines der ältesten Bauwerke Stockholms: Teile stammen aus dem 13. Jahrhundert *(siehe S. 85)*.

Riddarholmskyrkan

Hauptschiff der Sofia kyrka im nationalromantischen Stil

7 Sofia kyrka

Karte E6 ■ Vitabergsparken ■ +46 8 615 3100 ■ Mo–Fr 9–17 Uhr, Sa & So 10–17 Uhr

Die Kirche von 1906 steht auf einer Anhöhe im Vitabergsparken. Sie wurde von Gustaf Hermansson in gotisch und nationalromantisch beeinflusstem Stil gestaltet.

8 Maria Magdalena kyrka

Karte M6 ■ Bellmansgatan 13 ■ +46 8 462 2940 ■ Mo–Sa 11–17 Uhr (Do bis 19 Uhr)

Die Kirche mit dem gelben Turm ging aus einer Grabkapelle aus dem 14. Jahrhundert hervor. Nach einem verheerenden Brand entstand 1763 das heutige Gotteshaus. Der dortige Friedhof birgt das Grab des schwedischen Nationaldichters und Sängers Evert Taube.

9 Katarina kyrka

Karte D5 ■ Högbergsgatan 13 ■ +46 8 743 6800 ■ Mo–Sa 11–17 Uhr, So 10–17 Uhr

Die 1695 vollendete Kirche wurde schon 1723 durch ein Feuer beschädigt, 1990 brannte sie fast vollständig ab. Die Renovierungsarbeiten dauerten fünf Jahre. Auf dem Friedhof der Katarina kyrka sind viele bedeutende Persönlichkeiten bestattet, so auch die ermordete schwedische Außenministerin Anna Lindh.

10 Engelbrektskyrkan

Karte D1 ■ Östermalmsgatan 20b ■ +46 8 406 9800 ■ Di–So 11–15 Uhr

Die imposante dunkelrote, 1914 fertiggestellte Kirche in Lärkstaden in Östermalm besitzt einen schlanken Turm und das höchste Kirchenschiff Skandinaviens, getragen von acht Granitpfeilern. Die Monumentalgemälde im Innern schuf Olle Hjortzberg.

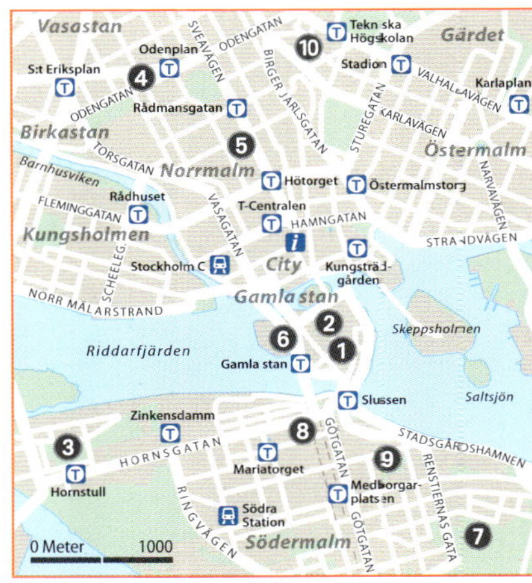

TOP 10 Museen & Sammlungen

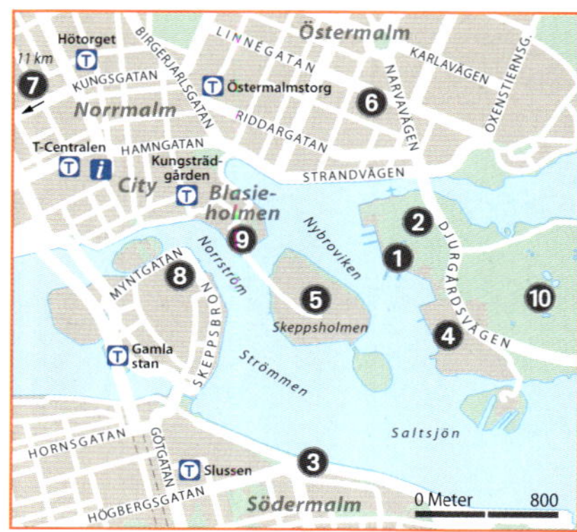

1 Vasamuseet

Die *Vasa*, das einzige erhaltene Kriegsschiff des 17. Jahrhunderts, sank 1628 bei ihrer Jungfernfahrt wegen Konstruktionsfehlern. Erst 1961 wurde das Schiff geborgen. Das Museumsgebäude, dessen Dach drei hoch aufragende Masten zieren, ist eine architektonische Attraktion *(siehe S. 14f)*.

2 Nordiska museet

Ausstellungen über Traditionen und Trends, Volkskunst und Mode, Textilien und Wohnmobiliar illustrieren hier anschaulich Schwedens Alltagskultur im Lauf der Jahrhunderte. Das Museum ist in einem prachtvollen Gebäude am Djurgårdsvägen untergebracht *(siehe S. 30f)*.

3 Fotografiska

Das als Zentrum für zeitgenössische Fotografie eröffnete Museum befindet sich in einem direkt am Wasser gelegenen einstigen Industriegebäude im Jugendstil. Es zeigt jährlich vier große und 20 kleine Ausstellungen. Das Café im Museum bietet Mittagsgerichte und Snacks *(siehe S. 94)*.

4 ABBA The Museum

Die Popgruppe ABBA beherrschte in den 1970er und 1980er Jahren die internationalen Charts und bescherte mit ihrem Erfolg auch Stockholm und Schweden große Aufmerksamkeit. Das Museum präsentiert Kostüme, goldene Schallplatten und andere Erinnerungsstücke. Besucher können gemeinsam mit 3-D-Hologrammen von Agnetha, Björn, Benny und Anni-Frid Hits schmettern. Für ABBA-Fans ist ein Besuch dieses Hauses fraglos ein Muss *(siehe S. 78)*.

Das Moderna museet auf Skeppsholmen

5 Moderna museet

Die Sammlung mit Kunst des 20. Jahrhunderts gilt weltweit als eine der besten ihrer Art. Sie umfasst Werke von Pablo Picasso, Henri Matisse und Salvador Dalí. Der Bestand des Museums wird ständig durch zeitgenössische Arbeiten erweitert. Auch Fotokunst von den 1840er Jahren bis heute ist zu sehen *(siehe S. 86)*.

6 Historiska museet

Das Staatliche Historische Museum Schwedens widmet sich der Zeit von den ersten Siedlern bis zum Mittelalter. Die Wikingerausstellung, der Guldrummet und die Frau von Barum – ein Skelett aus der Steinzeit – sind besonders beeindruckend *(siehe S. 32f)*.

Schloss Drottningholm

7 Schloss Drottningholm

Das Schloss mit dem großen Park ist Wohnsitz der königlichen Familie und eine von drei UNESCO-Welterbestätten in Stockholm. Besucher können die prachtvollen historischen Interieurs ganzjährig besichtigen *(siehe S. 24f)*.

8 Kungliga slottet

Das 1697 bis 1754 im Stil von Barock, Rokoko und gustavianischem Klassizismus errichtete Schloss wird bis heute von der Königsfamilie genutzt. Die Prunksäle, die Schatzkammer und das Museum lohnen den Besuch *(siehe S. 26f)*.

Gemälde im Nationalmuseum

9 Nationalmuseum

Das Nationalmuseum zeigt neben Gemälden und Skulpturen von großen Meistern wie Rembrandt, Renoir, Rubens, Degas und Gauguin auch Werke schwedischer Künstler und Künstlerinnen wie Anders Zorn, Agnes de Frumerie, Alice Nordin und Carl Larsson *(siehe S. 85)*.

10 Skansen

In dem beliebten Freilichtmuseum samt Park, Bühnen und Tiergehegen werden historische Gebäude aus ganz Schweden präsentiert, inklusive eines ganzen Stadtviertels aus dem 19. Jahrhundert. In diversen Werkstätten wird traditionelles Handwerk demonstriert. Der Rummelplatz Galejan wartet mit nostalgischen Fahrgeschäften und Buden auf *(siehe S. 12f)*.

TOP 10 Parks & Gärten

1 Hagaparken

Der im englischen Stil gehaltene Park lockt mit von Bäumen gesäumten Spazierwegen, hübschen Rasenflächen und königlichen Bauwerken. Im Fjärilshuset flattern neben exotischen Schmetterlingen auch Vögel umher. In den Koppartälten kann man sich mittags stärken *(siehe S. 34f)*.

2 Tantolunden

Der Park in Södermalm umfasst Cafés und einen Minigolfplatz. Im Sommer lädt er zum Picknicken ein. Ein Spaziergang auf die Kuppe des Hügels, die schöne Aussicht bietet, führt an Schrebergärten vorbei. Von Tanto nach Hornstull verläuft ein netter Uferweg *(siehe S. 95)*.

3 Stora Skuggan

Tunnelbana: Universitetet

Im Herzen des grünen Parks locken ein bei Kindern beliebter Bauernhof mit Streichelzoo und ein nettes Café in einem Gebäude aus dem 18. Jahrhundert.

4 Vasaparken

Der zwischen dem Sankt Eriksplan und dem Odenplan gelegene Park bietet viele Freizeitaktivitäten. Von November bis März gibt es auf dem Areal eine Kunsteisbahn *(siehe S. 73)*.

5 Kungsträdgården

Der viel besuchte »Königsgarten« liegt ganz in der Nähe der wichtigsten Einkaufsviertel von Stockholm. Er wird von Cafés und Restaurants gesäumt. Im Frühjahr stehen die Kirschbäume in Blüte, im Sommer werden Konzerte veranstaltet, im Winter locken Eislaufbahnen und ein Weihnachtsmarkt *(siehe S. 66f)*.

Blühender Kungsträdgården

Rosendals Trädgård, Djurgården

6 Djurgården

Karte G4 ▪ Tram 7 nach Djurgården bis Haltestelle Skansen oder Endhaltestelle Waldermarsudde

Ein Besuch des Stadtteils und Parkgebiets sollte bei einem Stockholm-Aufenthalt nicht fehlen. Hier liegen einige der wichtigsten Museen und Sehenswürdigkeiten der Stadt, darunter das Freilichtmuseum Skansen *(siehe S. 12f)* und das Vasamuseet *(siehe S. 14f)*. Der königliche Park bietet reizende Spazierwege und traumhaften Blick aufs Wasser. Der dem biologischen Anbau gewidmete Garten Rosendals Trädgård *(siehe S. 53)* besitzt ein nettes Café.

7 Skinnarviksparken

Karte B5

Die Stockholmer besuchen den Park gern für ein Picknick – an langen Sommerabenden ist der Blick über den Riddarfjärden auf die City besonders schön. Es gibt auch einen Kinderspielplatz und im Sommer ein kleines Freiluftcafé. Die Stahlskulptur *Progression* von Arne Jones ziert das Gelände.

Vitabergsparken

Karte E6

Am höchsten Punkt des hügeligen Parks steht die 1906 geweihte Sofia kyrka *(siehe S. 41)*, auf einer Freilichtbühne sind im Sommer kostenlose Konzerte und Tanzaufführungen zu sehen. Die hölzernen Hütten am Rand des Parks erinnern daran, dass das heute schicke Södermalm einst ein armes Arbeiterviertel war. Auch einer der ältesten Schrebergärten Stockholms (1906) befindet sich auf dem Gelände.

9 Bergianska trädgården

Frescati, 5 km nördl. von Stockholm ▪ Tunnelbana: Universitetet; Bus 50, 540 ▪ Victoriahuset & Orangerie: Mai – Sep: tägl. 11–16 Uhr (Sa & So bis 17 Uhr); Eintritt ▪ Edvard Andersons växthus: Di – Fr 11–16 Uhr, Sa & So 11–17 Uhr; Eintritt ▪ www.bergianska.se

Der nahe dem See Brunnsviken gelegene botanische Garten geht auf das 18. Jahrhundert zurück, 1885 wurde er an den jetzigen Standort verlegt. Seit 1993 steht die Anlage unter Denkmalschutz. Die Orangerie und das Edvard Andersons växthus bergen tropische Pflanzen. In der Orangerie gibt es ein Café.

Gewächshaus, Bergianska trädgården

10 Humlegården

Der Park mit alten Eichen und gepflegten Rasenflächen stammt aus dem 16. Jahrhundert, im Jahr 1869 wurde er der Öffentlichkeit zugänglich gemacht. Junge Besucher erfreut der Humlegården mit einem Spielplatz und einer Skateboardrampe, auf dem Gelände befindet sich aber auch die Kungliga Biblioteket. Über den Sommer serviert der Biergarten Omnipollos Flora neben Craftbeer auch leckere Eiscreme aus Bier *(siehe S. 77)*.

TOP 10 Unbekanntes Stockholm

Schwimmbecken des Sturebadet

1 Sturebadet

Karte D2 ▪ Sturegallerian 36 ▪ Mo–Fr 6.30–22 Uhr, Sa & So 8.30–20.30 Uhr ▪ Eintritt ▪ www.sturebadet.se

Das 1885 eröffnete Bad besuchte bereits die große Greta Garbo. Die Anlage für Gäste ab 18 Jahren zählt zu den schönsten ihrer Art in Stockholm. Tageskarten kauft man bequem über die Website.

2 Fjällgatans Kaffestuga

Karte E5 ▪ Fjällgatan 37 ▪ Apr–Sep: Mo–Fr 9–22 Uhr, Sa & So 10–22 Uhr ▪ www.fjallgatan.com

In dem Sommercafé mit Sonnenterrasse genießt man zum Kaffee oder zum Eisbecher eine herrliche Aussicht auf Stockholm. Auf seiner Anhöhe auf Södermalm bietet das Café freien Blick auf Gamla stan, Djurgården und Schärengarten.

3 Hammarbybacken

Hammarby fabriksväg 111 ▪ +46 771 840 000 ▪ Winter: Mo–Fr 15–21 Uhr, Sa & So 9–18 Uhr ▪ Eintritt ▪ www.skistar.com/hammarbybacken

Ski fahren mitten in Stockholm – klingt unwahrscheinlich, ist aber möglich! Per Schlepplift gelangt man auf den Hügel, von dem fünf Abfahrten ins Tal führen. Sowohl Ski als auch Skischuhe kann man ausleihen.

4 Långholmen

Karte A4 ▪ www.langholmen.com

Auf der grünen Insel kann man in einem ehemaligen Gefängnis übernachten, an Strafvollzug erinnert hier freilich nichts: Das Eiland eignet sich wunderbar für Wanderungen, für ein Picknick und zum Schwimmen. Zum Hotel gehört auch ein Museum *(siehe S. 116)*.

5 The Fishery Teatern

Karte D6 ▪ Ringen centrum ▪ Mo–Do 11–21 Uhr, Fr & Sa 11–22 Uhr, So 11–20 Uhr

Das kleine Restaurant der preisgekrönten Küchenchefin Malin Söderström hat kräftigen Fischeintopf, gebratenen Fisch mit Bratkartoffeln, Tacos mit eingelegter *regnbåge* (Forelle) und eine große Auswahl an Schaumweinen im Angebot.

6 Hornstulls marknad

Karte A5 ▪ Hornstull, Södermalm ▪ Apr–Sep: Sa & So 11–17 Uhr ▪ www.hornstullsmarknad.se

Der Flohmarkt in Hornstull erstreckt sich über die gesamte Uferpromenade. Verkauft werden Kunst und Krimskrams, Antiquitäten, Schallplatten und jede Menge Essen.

Händler auf dem Hornstulls marknad

Avicii Arena

7 Sweden Solar System

Avicii Arena, Globentorget 2 ▪ www.swedensolarsystem.se

Das weltweit größte maßstabsgetreue Modell des Sonnensystems erstreckt sich über ganz Schweden. Die Avicii Arena *(siehe S. 101)*, das größte sphärische Gebäude der Welt, repräsentiert dabei die Sonne.

8 Färgfabriken

Lövholmsbrinken 1 ▪ Ausstellung: Do – So 11–16 Uhr ▪ Eintritt ▪ www.fargfabriken.se

In den Hallen dieser Farbenfabrik aus dem 19. Jahrhundert präsentiert sich Stockholms Kunstszene mit Ausstellungen und Events. Die Website informiert über aktuelle Veranstaltungen.

9 Vinterviken

Zwischen Gröndal und Aspudden ▪ www.vinterviken.com

Der malerisch an einer Bucht des Mälaren gelegene Park war einst Standort des Labors und der Fabrik von Alfred Nobel *(siehe S. 39)*. Der spätere Stifter des Nobelpreises testete und produzierte Mitte des 19. Jahrhunderts in den Anlagen Dynamit. Anfang des 20. Jahrhunderts wurde das Industriegelände in ein Erholungsgebiet verwandelt. In einem der ehemaligen Fabrikgebäude sind heute ein Café, ein Restaurant und Veranstaltungsräume untergebracht.

10 Spritmuseum

Karte E4 ▪ Djurgårdsstrand 9 ▪ tägl. 11–18 Uhr (Mi bis 19 Uhr) ▪ Eintritt ▪ www.spritmuseum.se

Schweden mit seinen staatlich lizenzierten Schnapsläden und der langen Geschichte der Schwarzbrennerei hat zweifellos eine zwiespältige Haltung zum Alkohol. Das Museum widmet sich der Historie der Alkoholherstellung und der Trinkkultur. Das erstklassige Restaurant im Haus ist abends länger geöffnet als die Ausstellung.

Restaurant im Spritmuseum

TOP 10 Kinder

Kungsträdgården: Eislaufen im Stockholmer Stadtzentrum

1 Junibacken

Karte Q4 ■ Galärvarvsvägen 8 ■ +46 8 5872 3000 ■ Tram 7; Bus 67 ■ tägl. 10–17 Uhr (Sa ab 9 Uhr) ■ Eintritt ■ www.junibacken.se

Das Museum widmet sich der Kinderliteratur und bietet Eintritt in die Welt der Fantasie. Am »Marktplatz der Geschichten« mit Kopfsteinpflasterstraßen und altmodischen Laternen leben schwedische Kinderbuchhelden. Ein Geschichtenzug führt in die Welt Astrid Lindgrens.

Junibacken

2 Fjäderholmarna

Auf der Insel werden Aktivitäten wie Töpfern und Stoffdruck angeboten. Kinder können auf einem Piratenschiff herumklettern und Wikinger spielen. Um die Insel verläuft ein befestigter Weg *(siehe S. 16)*.

3 Eislaufbahnen

Im Winter öffnen die Freilufteislaufbahnen im Kungsträdgården *(siehe S. 66f)* im Stadtzentrum, am Medborgarplatsen *(siehe S. 93)* in Södermalm und im Vasaparken *(siehe S. 73)* in Vasastan. Ein paar Eishockeyplätze sind ebenfalls öffentlich zugänglich. Informationen bietet das Fremdenverkehrsbüro.

4 The Viking Museum

Karte R5 ■ Djurgårdsvägen 48 ■ Tram 7; Bus 67; Fähre ab Slussen ■ +46 8 4002 2990 ■ tägl. 11–17 Uhr (Sa, So & Ferien ab 10 Uhr; Mitte Juni – Mitte Aug: tägl. 9–19 Uhr) ■ Eintritt ■ www.thevikingmuseum.com

Das Museum erweckt die Wikingerzeit zum Leben, indem es Einblick in Kultur und Alltagsleben des Volkes bietet. Die elfminütige Fahrt Ragnfrid's Saga führt Besucher in die Zeit um 963 n. Chr. zurück.

5 Tekniska museet

Karte G3 ■ Museivägen 7 ■ +46 8 450 5600 ■ tägl. 10–22 Uhr ■ Eintritt ■ www.tekniskamuseet.se

Das Technische Museum bietet Kindern Information und Inspiration. Die interaktive Zone MegaMind lädt zu Experimenten ein. Die Modelleisenbahn aus den 1950er Jahren begeistert alle Altersgruppen.

6 Eriksdalsbadet

Karte G2 ■ Hammar-y slussväg 20 ■ +46 8 084 0250 ■ Eintritt

as größte Schwimmbad tockholms bietet einen benteuerbereich für inder. Das Hauptbecken der Halle ist schön varm, 1,40 Meter tief nd mit zwei Rutschen usgestattet. Von Ende Iai bis Ende August hat as Freibad geöffnet.

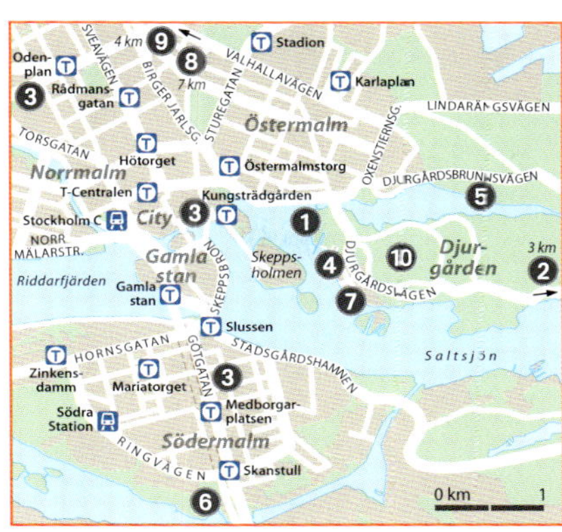

7 Gröna Lund

Der Vergnügungs-ark bietet Kindern jeden lters allerlei Attraktionen, doch den rößten Spaß machen hier wohl die ostaligischen Fahrgeschäfte und as Lustiga Huset aus den 1920er ahren *(siehe S. 28f)*.

chterbahn in Gröna Lund

8 Mulle Meck

Gunnarbovägen 91, Solna ■ +46 5148 3070 ■ Bus 505, 540 ■ rund um ie Uhr ■ www.jarvastaden.se

)as kinderfreundliche Stockholm ietet den Themenspielplatz Mulle Ieck, der auf den beliebten Kinder-üchern von George Johansson und lens Ahlbom basiert. Es gibt einen lugzeughangar, Seilbahnen, ein lumenlabyrinth, ein Amphitheater nd auch eine Kinderbibliothek.

9 Naturhistoriska riksmuseet

m naturhistorischen Museum kön-en Interessierte jeden Alters die eschichte des Lebens auf der Erde erforschen, Dinosaurier bestaunen und auf einem Lehrpfad Schwedens Natur und Tierwelt kennenlernen. Die interaktiven Exponate machen Kindern viel Spaß. Das IMAX-Kino Cosmonova zeigt Dokus und Lehr-filme *(siehe S. 99)*.

10 Skansen

Das faszinierende Freilicht-museum ist ideal für Familienaus-flüge. In vielen der historischen Ge-bäude werden Aktivitäten für Kinder angeboten. Personal in historischen Kostümen informiert unterhaltsam über Themen wie Natur, Essenszu-bereitung anno dazumal und Leben auf dem Bauernhof. Für weiteren Spaß sorgt der Rummelplatz Galejan *(siehe S. 12f)*.

Auf Entdeckungstour in Skansen

TOP 10 Kneipen & Bars

1 The Flying Elk

Das von Björn Frantzén geführte Lokal pflegt die schwedische Tradition genauso wie die britische Pubkultur. Es bietet nicht nur eine tolle Auswahl regionaler und internationaler Craftbeer-Sorten, sondern auch sehr gutes Essen zu erschwinglichen Preisen *(siehe S. 91)*.

Elegantes Interieur des Riche

2 Riche

Vorbild für Ausstattung und Flair der 1896 eröffneten Bar war das Café Riche in Paris. Im noch immer eleganten Ambiente wird heute schwedisch-französische Fusionsküche serviert. Die Gäste treffen sich dienstags bis samstags bei unkonventionellen DJ-Sets oder zum Frühstück *(siehe S. 80)*.

3 Snotty Sound Bar

Musikliebhaber schätzen die kleine Bar, deren Wände alte Plattencover und Fotos von Punk- und Indie-Legenden zieren. Nahezu jeden Abend legen DJs auf. In der Snotty Sound Bar kann es sehr voll werden, aber das ist durchaus Teil ihres Charmes *(siehe S. 96)*.

4 Morfar Ginko & Pappa Ray Ray

Die zwei Lokale haben denselben Besitzer und bieten beide entspannte Atmosphäre, exzellente Küche und eine für Stockholm eher außergewöhnliche Cava-Bar, die an der Theke Tapas serviert. Der Hinterhof ist im Sommer geöffnet *(siehe S. 96)*.

5 Café Tranan

In der gemütlichen Bar im Untergeschoss des Restaurants treffen sich Vasastans Musikliebhaber, um guten DJs zu lauschen. Die Bar ist vor allem am Wochenende gut besucht, doch auch werktags ist die Atmosphäre lebendig. Bratherin mit Kartoffelbrei ist ein Klassiker au der Speisekarte *(siehe S. 74)*.

6 Nya Carnegiebryggerie

Die Kleinbrauerei mit Restaurant in Södra Hammarbyhamnen ist ein Joint Venture der Biermarken Brooklyn und Carlsberg. Besucher können zwischen mehreren köstlichen Craftbeer-Sorten wählen – von Amber Ale bis zum J. A. C. K. IPA. Be einem geführten Rundgang lernt man einiges über das Brauhandwer *(siehe S. 103)*.

7 Kvarnen

Das Kvarnen ist eines der wenigen verbliebenen altmodischen Bierlokale in Stockholm. Gäste genießen hier zum Bier traditionelle schwedische Gerichte. Die Mittagsmenüs sind besonders empfehlenswert. Als Vereinskneipe des Hammarby IF platzt das Lokal vor Heimspielen aus allen Nähten. Im Kontrast zum Retro-Charme der Kneipe lockt der angrenzende Club

Das traditionelle Bierlokal Kvarnen

mit einer schicken Ausstattung aus Chrom und blau-weißen Fliesen *(siehe S. 96)*.

8 Häktet

Die nette Bar liegt an der geschäftigen Hornsgatan, der Hauptstraße von Södermalm, im ruhigen Innenhof eines ehemaligen Gefängnisses. Mit drei Tresen und gutem Essen lockt es eine bunte Gästeschar an, am Wochenende kommen dank längerer Öffnungszeiten (bis 3 Uhr) viele Nachtschwärmer *(siehe S. 96)*.

9 Akkurat

Mit über 200 Sorten ist die Craftbeer-Auswahl dieser lebhaften Kneipe in Södermalm wahrlich eindrucksvoll. Probieren Sie auch die im Keller gereiften Cuvées – eine echte Spezialität. Aus den 23 Zapfhähnen am Tresen des Lokals fließt ausschließlich schwedisches Bier, der Fokus liegt auf Stockholmer Marken *(siehe S. 96)*.

10 Landet

Das Bar-Restaurant an der Tunnelbana-Station Telefonplan ist zudem eine hippe Live- und Club-Location und dementsprechend gut besucht. Die Stockholmer schätzen die erstklassigen Biere und Weine, aber auch die fachkundig zubereiteten Cocktails. Im Obergeschoss treten im Rahmen von Clubkonzerten regelmäßig vielversprechende Newcomer auf *(siehe S. 103)*.

Clubs

Clubnacht im Trädgården

1 Trädgården
Hammarby slussväg 2
Im Sommer locken Livebands, Clubnächte, Bars und Streetfood.

2 Lilla Hotellbaren
Karte D5 ▪ Folkungagatan 50 – 52
In der Lilla Hotellbaren legen Stars und Newcomer der DJ-Szene auf.

3 Debaser
Karte A5 ▪ Hornstulls strand 4
Der Club lockt mit Livemusik, internationalen DJs und einem Restaurant.

4 Café Opera
Karte M3 ▪ Karl XII:s torg
Der Club in einem Bau aus dem 19. Jahrhunderts zieht Gäste jeden Alters an.

5 Sturecompagniet
Karte D2 ▪ Sturegatan 4
Vier Hallen auf zwei Ebenen präsentieren ihr jeweils eigenes Musikkonzept.

6 Spy Bar
Karte M1 ▪ Birger Jarlsgatan 20
Hier tanzt man zu Musik von Funk über Alternative bis zu Disco, Rock und Pop.

7 Solidaritet
Karte M2 ▪ Lästmakargatan 3
Dieser Club bietet Electronica von tollen schwedischen und internationalen DJs.

8 Fasching
Karte C3 ▪ Kungsgatan 63
Der klassische Club mit Jazz, Soul und Reggae begrüßt Gäste jeden Alters.

9 Berns
Karte N3 ▪ Berzelii Park
Im Berns locken ein großer Gastraum, mehrere Bars, eine Terrasse und Musik von DJs aus aller Welt.

10 Under Bron
Hammarby slussväg 2
Das Mekka von Stockholms Indie-Szene lebt jedes Wochenende auf.

TOP 10 Cafés

1 Johan & Nyström

Wer guten Kaffee schätzt, der sollte der Rösterei Johan & Nyström einen Besuch abstatten. Hier bekommt man nicht nur exzellent gerösteten und gebrühten Kaffee, man kann auch einiges über die richtige Zubereitung zu Hause lernen und erlesenes Zubehör erwerben, das größtenteils aus Japan stammt *(siehe S. 96)*.

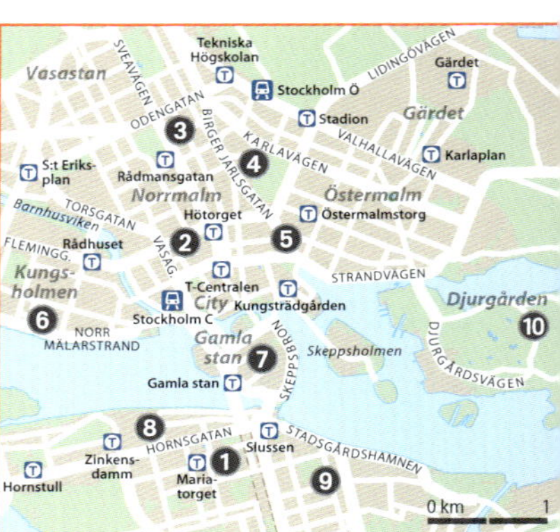

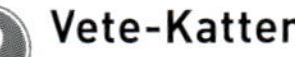

2 Vete-Katten

Das schöne, 1928 eröffnete Café »Weizenkatze« besitzt das Flair eines altmodischen schwedischen Kaffeehauses. Es bietet traditionelle regionale Kuchen mit reichlich Marzipan und andere Gebäcksorten. Der Eingang befindet sich an der geschäftigen Hauptstraße Kungsgatan, der ruhige Hinterhof ist im Sommer geöffnet *(siehe S. 68)*.

Eingang von Vete-Katten

3 Sosta

Das Sosta wird regelmäßig unter die besten Espressobars der Stadt gewählt. Die Ausstattung der Baristas mit einer »Uniform« aus blauen Hemden und gestreiften Krawatten ist für Schweden ungewöhnlich. Neben exzellentem Kaffee wird eine gute Auswahl an Gebäck geboten. In den Sommermonaten sind die Tische im Freien sehr begehrt *(siehe S. 68)*.

4 Saturnus

Dieses Café setzt auf Dimension – von den riesigen Tassen mit dampfendem Milchkaffee bis zu den angeblich größten Zimtschnecken der Stadt. Zum Frühstück und mittags werden warme und kalte Gerichte angeboten. Die farbenfrohe Einrichtung zeigt französischen Stil *(siehe S. 80)*.

5 Sturekatten

Ein wenig versteckt in Östermalm liegt dieses Café mit eigener Bäckerei, das zu den beliebtesten in Stockholm zählt. Die Einrichtung stammt aus dem frühen 20. Jahrhundert und ist noch original. Das im Stil jener Zeit gekleidete Personal serviert die vermutlich besten *kanelbullar* (Zimtschnecken) der Stadt *(siehe S. 80)*.

6 Petite France

Die preisgekrönte Bäckerei mit Café in bester französischer Tradition liegt versteckt in einer Seitenstraße nahe dem Ufer des Mälaren. Sie lockt mit leckeren Croissants und Brioches, serviert köstliches Frühstück und bietet auch Mittagsgerichte *(siehe S. 74)*.

7 Chokladkoppen

Das bei der LGBTQ+ Community beliebte Café am Stortorget, dem zentralen Platz in Gamla stan, ist für wunderbare Zimtbrötchen und die – namensgebenden – großen Tassen heißer Schokolade bekannt. Hier lässt es sich nach dem Sightseeing herrlich entspannen *(siehe S. 90)*.

8 Mellqvist Kaffebar

Diese Institution in Södermalm – Lieblingscafé des Krimiautors Stieg Larsson und seines Alter Ego Mikael Blomkvist in der *Millenium*-Trilogie – lockt zu jeder Tageszeit Scharen von Gäste an, darunter Kunstschaffende, Studierende und junge Familien. Geboten werden besonders guter Kaffee, fantastische *kardemummabullar* und ein einladender Freiluftbereich, wo an kühlen Tagen Heizpilze für Behaglichkeit sorgen *(siehe S. 96)*.

9 Greasy Spoon

Frühstück, Brunch und Mittagessen nach britischer Art sind in diesem Café zu haben. Auf der Karte stehen Eier in allen erdenklichen Variationen – wenn gewünscht, wird dazu eine Bloody Mary serviert. Da

Brunch im Greasy Spoon

Reservierungen nicht möglich sind, muss man sich auf Wartezeiten einstellen oder frühzeitig erscheinen *(siehe S. 96)*.

10 Rosendals Trädgård

Das Café des Gartens, in dem biologischer Anbau betrieben wird, serviert ausschließlich Bioprodukte. Es ist an den Wochenenden immer gut besucht – an Werktagen geht es etwas ruhiger zu. Vor allem im Sommer ist der Garten ein Paradies: Setzen Sie sich an einen der Tische im Freien oder nehmen Sie Ihr Tablett mit unter einen Apfelbaum. Es gibt hier übrigens auch eine Bäckerei und einen Laden *(siehe S. 80)*.

Gewächshäuser und Café im Rosendals Trädgård

TOP 10 Restaurants

Modernes skandinavisches Design im Matbaren

1 Matbaren

Ein Besuch des Restaurants im Grand Hôtel ist ein kulinarisches Erlebnis. Im Vordergrund stehen dabei nicht Opulenz, sondern Schlichtheit und Liebe zum Detail. Auf der Karte finden sich schwedische Gerichte mit internationalen Einflüssen. Die Preise des exklusiven Restaurants sind gehoben *(siehe S. 91)*.

2 Rolfs Kök

Das beliebte Restaurant wird im Guide Michelin empfohlen. Es bietet moderne schwedische Küche mit Gerichten wie Schweinefleisch-Confit mit Kohl und Zwiebeln. Die hervorragende Weinkarte rundet das Angebot perfekt ab *(siehe S. 69)*.

3 Calexico's

Die innovative kalifornisch-mexikanische Bioküche des Restaurants, das zum benachbarten Club Debaser gehört, bietet *quesadillas*, *burritos* und *tacos* mit Zutaten wie Limette, Koriander, Chili, Avocado und Mango *(siehe S. 97)*.

4 Lilla Ego

In dem Bistro bieten die preisgekrönten Köche Tom Sjöstedt und Daniel Räms saisonale Küche mit raffinierten Gerichten wie Wild mit Artischocken und Schweinefleisch-Tatar mit Rote-Bete-Püree. Die exquisiten Speisen und die angenehme Atmosphäre sorgen für großen Andrang und eine entsprechend lange Warteliste *(siehe S. 75)*.

Steinbutt mit Blüten im Gastrologik

5 Gastrologik

Da sich die Auswahl der Gerichte nach dem aktuellen Marktangebot richtet, wechselt die Karte hier täglich. Gäste, die sich für das 18- bis 20-gängige Degustationsmenü entscheiden, erleben eine wunderbare kulinarische Reise durch die nordische Küche *(siehe S. 81)*.

6 Nytorget Urban Deli

Passend zur Lage in SoFo, besitzt das Restaurant mit Bar und Delikatessenladen New Yorker Flair. Die Atmosphäre ist entspannt. Das Nytorget Urban Deli ist bei Familien sehr beliebt *(siehe S. 97)*.

7 Ekstedt

Der für rustikale, gern über offenem Feuer zubereitete Speisen bekannte Starkoch Niklas Ekstedt eröffnete im Jahr 2011 sein Stockholmer Restaurant. Gäste genießen hier vier- oder sechsgängige Menüs mit außergwöhnlichen Köstlichkeiten wie getrocknetem Rentierfleisch oder auf Birkenholz gegarter Wildente *(siehe S. 81)*.

8 Meatballs for the People

Ein Möbelhaus hat schwedische Fleischbällchen in der ganzen Welt bekannt gemacht. Dieses Lokal bietet nicht weniger als 14 Varianten dieser Spezialität *(siehe S. 97)*.

9 Punk Royale

Das recht unkonventionelle Restaurant lockt mit Spaß, Energie und Einfallsreichtum ein lebhaftes Stammpublikum an. Der Kaviar wird mit reichlich Wodka serviert, die Garnelenspieße »wachsen« aus Blumentöpfen *(siehe S. 97)*.

10 Sturehof

Das elegante Fischrestaurant genießt einen hervorragenden Ruf. Die schwedisch-französischen Gerichte richten sich nach der Saison und werden von einer großen Auswahl an Weinen begleitet. Die Preise sind im Vergleich zu anderen Stockholmer Restaurants mit gehobener Küche moderat *(siehe S. 81)*.

Terrasse des Sturehof

Spezialitäten

Köttbullar

1 *Köttbullar*
Zu den aus Hackfleisch gefertigten Bällchen gibt es traditionell Kartoffelbrei und Preiselbeeren.

2 *Kanelbullar*
Zimtschnecken sind in fast allen Cafés erhältlich und schmecken zu Kaffee und Tee sehr lecker.

3 *Smörgåsbord*
Das Büfett mit kalten und warmen Gerichten setzt sich je nach Anlass und Jahreszeit unterschiedlich zusammen.

4 *Pyttipanna*
Kartoffeln und Fleisch oder Gemüse werden gewürfelt und dann zusammen in der Pfanne gebraten.

5 *Semla*
Das mit Marzipanmasse und Schlagsahne gefüllte Gebäck wurde einst nur am Faschingsdienstag hergestellt.

6 *Västerbottensost*
Der aus Kuhmilch hergestellte Hartkäse aus Västerbotten ist recht würzig. Grevé und Prästost sind weitere gute schwedische Käsesorten.

7 *Surströmming*
Der vergorene rohe Hering aus der Dose wird im August verspeist. Wegen des intensiven Geruchs dürfen die Konserven nur im Freien geöffnet werden.

8 *Hjortron*
Moltebeeren gedeihen ausschließlich in kaltem Klima. Zu Marmelade verarbeitet, schmecken sie mit Eiscreme und Waffeln.

9 *Must*
Das alkoholfreie Getränk, das vor allem zu Weihnachten und Ostern angeboten wird, erinnert ein wenig an Malzbier.

10 *Öl*
In den Mikrobrauereien kann man verschiedenste Sorten Bier verkosten.

TOP 10 Shopping: Schwedisches Design

1 Granit

Karte D5 ■ Götgatan 31 ■ +46 8 642 1068 ■ www.granit.com

Die Produkte des Labels ermöglichen clevere neue Wege, die eigene Wohnung einzurichten, zu beleuchten und zu dekorieren.

2 Design House Stockholm

Karte D5 ■ Götgatan 14 ■ +46 8 5090 8101 ■ www.designhousestockholm.com

In dem Flagship-Store der Kette kann man nach Wohnaccessoires, Porzellan und Bekleidung stöbern.

3 Rodebjer

Karte N2 ■ Smålandsgatan 12 ■ +46 8 6110 117 ■ www.rodebjer.com

Carin Rodebjer lässt sich für ihre praktische und elegante Mode von schwedischer Volkstracht, dem Bohème-Stil der 1920er Jahre und von Rockbands inspirieren. Von *Elle* wurde sie schon dreimal zur Modedesignerin des Jahres gekürt.

4 Swedish Hasbeens

Karte E5 ■ Nytorgsgatan 36a ■ +46 8 702 0101 ■ www.swedishhasbeens.com

Der Flagship-Store des Labels im trendigen SoFo bietet kühne und schöne Clogs für Frauen – handgefertigt, nachhaltig und nach schwedischen Entwürfen der 1970er Jahre.

Sortiment bei Designtorget

5 Designtorget

Karte D5 ■ Götgatan 31 ■ +46 8 644 1678 ■ www.designtorget.se

Der Laden bietet verschiedenste Accessoires in zeitlos schönem, funktionellem und vorwiegend skandinavischem Design.

6 Svenskt Tenn

Karte E3 ■ Strandvägen 5 ■ +46 8 670 1600 ■ www.svenskttenn.se

Stoffe und Möbel aus dem Atelier des schwedisch-österreichischen Architekten und Designers Josef Frank bezaubern bis heute. Das seit 1927 bestehende Hauptgeschäft verfügt über ein Café und ein Studio.

Wohnaccessoires bei Svenskt Tenn

7 Fillipa K

Karte D2 ■ Grev Turegatan 18 ■ +46 8 5458 8888 ■ www.filippa-k.com

Das 1993 von Filippa Knutsson in Stockholm gegründete Modelabel wurde zum internationalen Erfolg. Im Flagship-Store in Östermalm werden die neuesten Kollektionen in elegantem Ambiente präsentiert.

Whyred

Karte D3 ■ Mäster Samuelsgatan 3 ■ +46 8 660 0170 ■ www.whyred.com

Die Kleidungsstücke, die Roland Hjort für Männer und Frauen entwirft, zeigen die typischen klaren Linien und Formen samt origineller Details. Der Designer ist in seinem Schaffen von Musik und Kunst beeinflusst. Im Flagship-Store in Östermalm warten die aktuellen Kollektionen.

Designobjekte bei Grandpa

Grandpa

Karte A3 ■ Södermannagatan 21 ■ +46 8 643 6081 ■ www.grandpastore.com

In diesem Laden zählt die Qualität des Produkts mehr als der Markenname. Kunden finden eine handverlesene Auswahl an Modeartikeln und Designobjekten vor.

Acne Studios

Karte D3 ■ Norrmalmstorg 2 ■ +46 8 611 6411 ■ www.acnestudios.com

Die internationale Erfolgsgeschichte des Modelabels begann 1997, als Jonny Johansson 100 Paar Jeans herstellte und an Freunde verteilte.

Souvenirs

Bunte Dalapferde

1 Dalapferde
Die handgeschnitzten, mit klassischen schwedischen Mustern bemalten Pferdchen gibt es in mehreren Größen.

2 String-Regalsysteme
Die filigranen Regale nach Entwürfen von Nils Strinning sind längst Designklassiker.

3 Fjällräven-Outdoorkleidung
Die Marke mit dem berühmten Fuchs-Logo bietet seit 1960 robuste und funktionelle Ausrüstung für Abenteurer.

4 Sandqvist-Rucksack
Die unkomplizierten und praktischen Rucksäcke aus robustem Stoff sind zugleich sehr modisch.

5 Trull-Schneidebrett
Das Schneidebrett erinnert an die berühmten Entwürfe von Lisa Larson und bringt Farbe in die Küche.

6 Ballograf-Kugelschreiber
Diese eleganten Schönheiten im Retro-Stil haben eine lebenslange Garantie und enthalten allesamt archivfeste Tinte.

7 Grasshopper-Stehlampe
Die 1948 von Greta Magnusson Grossman entworfene Leuchte macht, wie sie so gekrümmt auf drei Beinen steht, ihrem Namen alle Ehre.

8 Acne-Jeans
Stockholms bekannteste Jeansmarke trifft mit coolem Look den Nerv der Zeit.

9 Tretorn-Gummistiefel
Das wasserdichte Schuhwerk von Tretorn ist perfekt fürs schwedische Wetter und in diversen Farben zu haben.

10 Berså-Kaffeeservice
Stig Lindberg entwarf im Jahr 1961 das berühmte Blättermotiv für Tassen und Untertassen der schwedischen Porzellanmanufaktur Gustavsberg.

TOP 10 Kostenlose Attraktionen

1 Führung durchs Riksdagshuset

Karte D4 ■ Helgeandsholmen ■ +46 8 786 4862 ■ Sa & So 12 & 13.30 Uhr auf Englisch, 10, 12, 13.30 & 15 Uhr auf Schwedisch (Ende Juni – Ende Aug auch Mo – Fr) ■ www.riksdagen.se

Bei den knapp einstündigen Führungen erfährt man viel Wissenswertes über die Geschichte des Gebäudes und die Arbeit des Parlaments.

2 Kunst in der U-Bahn

Das Stockholmer U-Bahn-System, die Tunnelbana, gilt als »die größte Kunstgalerie der Welt«. In vielen Stationen finden sich Kunstwerke von Skulpturen und Gemälden bis hin zu Videoinstallationen. Einige Stationen sind auch Kunstwerke für sich – in der Station Solna Centrum wird beispielsweise das unverputzte Grundgestein sehr eindrucksvoll beleuchtet.

3 Kostenlose Clubnächte

Einige Clubs und Bars bieten bis zu einer bestimmten Uhrzeit – in der Regel vor Mitternacht – freien Eintritt. Im Debaser *(siehe S. 51)* erlebt man mitunter auch ein kostenloses Konzert.

4 Park von Schloss Drottningholm

Der weitläufige barocke Park und das Wache-Zelt sind ohne Eintrittskarte zugänglich. Mit der Erkundung kann man gut und gern einen ganzen Vor- oder Nachmittag verbringen *(siehe S. 24f)*.

Badegäste am Kanal von Långholmen

5 Schwimmen

Stockholms Wasserwege sind nicht nur schön anzusehen, die gute Wasserqualität ermöglicht auch das Schwimmen mitten in der Stadt. An warmen Tagen sind die Stege, Strände und Uferböschungen gut besucht.

6 Museen

Einige der besten Museen der Stadt, darunter das Moderna museet *(siehe S. 86)*, das Nationalmuseum *(siehe S. 85)* und das Medelhavsmuseet *(siehe S. 66)*, sind gratis zu besuchen.

7 Zeitgenössische Kunst & aktuelles Design

In Stockholm kann man viele Kunstgalerien und Ausstellungsräume kostenlos durchschlendern, so z. B. die Bonniers Konsthall *(siehe S. 72)* und das Architekturzentrum ArkDes *(siehe S. 88)*.

Park von Schloss Drottningholm

8 Livrustkammaren, Kungliga slottet

Die Rüstkammer in den Gewölben des königlichen Schlosses *(siehe S. 26f)* gilt als das älteste Museum Schwedens. Ausgestellt sind neben Waffen und Rüstungen auch Roben, die auf königlichen Hochzeiten und Krönungsfeiern getragen wurden, und blutgetränkte Gewänder, die Adelige bei ihrem gewaltsamen Tod trugen. Gratis ist der Eintritt leider nur noch für Besucher bis 18 Jahre, doch am Donnerstagabend zahlt jeder nur die Hälfte *(siehe S. 88)*.

9 Camping in Stockholms Skärgård

In Schweden erlaubt das »Jedermannsrecht« *(allemansrätten)* allen Menschen, sich in der Natur und auf vielen privaten Grundstücken frei zu bewegen und ein Zelt aufzuschlagen, so auch in Stockholms Skärgård *(siehe S. 16–19)*. Auf einigen ausgewiesenen Campingplätzen kann man sich gratis oder gegen geringe Gebühr mit Trinkwasser versorgen und die Toiletten nutzen.

10 Konzerte & Festivals

Stampen: www.stampen.se
■ Popaganda: www.popaganda.se

Kostenlose Konzerte bieten z. B. die Kneipe Stampen und das Sommerfestival Popaganda *(siehe S. 61)*, bei dem auch international bekannte Acts auf der Bühne stehen.

Stockholm für wenig Geld

Flohmarkt am Blasieholmstorg

1 Auf den in Schweden *loppis* genannten Flohmärkten kann man mitunter preiswerte Designobjekte erstehen.

2 Das bezaubernde Stadtzentrum Stockholms ist kompakt und lässt sich gut zu Fuß zu erkunden.

3 ÖPNV-Tickets *(siehe S. 106f)* beinhalten auch Fährfahrten nach Djurgården *(siehe S. 45)*. Vom Wasser aus hat man einen besonders schönen Blick auf die Stadt.

4 Mieten Sie ein Fahrrad von Rent a Bike *(siehe S. 107)* und nutzen Sie das gut ausgebaute Netz von Fahrradwegen.

5 Viele Restaurants und Cafés in Stockholm haben preiswerte, *dagens* genannte Mittagsangebote auf der Karte.

6 Packen Sie ein Picknick ein und suchen Sie sich ein schönes Plätzchen in einem der zahlreichen Parks *(siehe S. 44f)* oder an einem Strand in Stockholms Skärgård *(siehe S. 16–19)*.

7 Cocktails und Spirituosen sind in Schweden – wie in ganz Skandinavien – ausgesprochen teuer. Es ist deshalb auch nicht üblich, dass man in Lokalen eine Runde ausgibt.

8 Machen Sie es wie die Schweden und bringen Sie sich in Stimmung, bevor Sie nachts Lokale und Clubs besuchen.

9 Für den Vergnügungspark Gröna Lund *(siehe S. 28f)* sind Pässe erhältlich, die während der Sommersaison freien Eintritt zu den Fahrgeschäften erlauben und zum Teil auch Konzerte umfassen. Wer den Park öfters besuchen möchte, sollte einen Preisvergleich vornehmen.

10 Bei ausreichend dicker Eisdecke kann man auf dem zugefrorenen Mälaren den ganzen Abend lang kostenlos Schlittschuh laufen.

TOP 10 Festivals & Veranstaltungen

Teilnehmer bei der Stockholm Pride

1 Stockholm Fashion Week

www.stockholmfashionweek.se

Der schwedische Modeverband organisiert zahlreiche Veranstaltungen. Im Januar/Februar sowie im August wird die Stockholm Fashion Week präsentiert, zudem finden Ausstellungen, Messen und Presseveranstaltungen statt.

2 Stockholm Marathon

www.stockholm marathon.se

Der Marathon am letzten Samstag im Mai oder ersten Samstag im Juni lockt Läufer aus aller Welt an. Ziel ist das Olympiastadion. Frühe Anmeldung wird empfohlen.

3 BAUHAUS-galan

www.diamondleague-stockholm.com

Das internationale Leichtathletik-Meeting Ende Mai oder Anfang Juni, benannt nach dem Hauptsponsor, ist das größte jährliche Sportereignis in Schweden und Teil der IAAF Diamond League. Austragungsort ist das Olympiastadion.

4 Stockholm Pride

www.stockholmpride.org

Höhepunkt des einwöchigen LGBTQ+ Pride Festival, das Ende Juli/Anfang August stattfindet, ist die Parade mit über 50 000 Teilnehmern und ebenso vielen Zuschauern. Die Parade feiert Menschenrechte und Aufgeschlossenheit. Der Pride Park bietet Konzerte und Stände.

Bunt: Stockholms Kulturfestival

5 Stockholms Kulturfestival

www.kulturfestivalen.stockholm.se

Während des Festivals im August sind auf den Plätzen und Bühnen im Stadtzentrum Tanz, Theater und Konzerte zu erleben. Auch Kinder haben dann Gelegenheit zum Spielen, Tanzen und Singen und Geschichtenerzählern zu lauschen.

6 Midnattsloppet

www.midnattsloppet.com

Der »Mitternachtslauf« in Södermalm lockt im August Tausende Teilnehmer an. Der Startschuss fällt um 21.30 Uhr. Die Einteilung in Startgruppen deckt alle Leistungsklassen ab. Neben ernsthaften Wett-

Bewerbern entdeckt man stets auch Läufer in schrillen Kostümen.

Popaganda

www.popaganda.se

Das Popfestival findet Ende August auf der Anlage des Schwimmbads Eriksdalsbadet *(siehe S. 49)* statt. Zwei Tage lang ist vor allem Indie-Pop von bekannten Musikern und aufstrebenden Talenten zu hören.

Stockholm Jazz Festival

www.stockholmjazz.se

Das Mitte Oktober stattfindende Jazzevent zählt zu den ältesten Festivals in Schweden und zu den größten Veranstaltungen in Stockholm. Zehn Tage lang besuchen Tausende Musikliebhaber die rund 160 Konzerte an 36 Veranstaltungsorten in der ganzen Stadt.

Stockholm Jazz Festival

9 Stockholm International Film Festival

www.stockholmfilmfestival.se

Bei dem zweiwöchigen, seit 1990 stattfindenden Festival werden jedes Jahr Mitte November in der ganzen Stadt vor allem Filme von jungen, aufstrebenden Regisseuren gezeigt. Im August wird ein kleines Freiluft-Filmfest veranstaltet.

Nobelpreisverleihung

Am 10. Dezember, dem Todestag Alfred Nobels, werden im Stockholmer Konserthuset die Nobelpreise verliehen. Die Auszeichnung wird in fünf Kategorien vergeben. Das nach dem Festakt im Stadshuset *(siehe S. 22f)* für 1300 geladene Gäste veranstaltete Bankett wird im Fernsehen übertragen.

Feste & Feiertage

1 Ostern
Zu Ostern gibt es für die Kinder bemalte Eier und in Papiereiern versteckte Süßigkeiten.

2 Walpurgisnacht, 30. April
Das traditionelle Frühlingsfest *Valborg* beinhaltet Lagerfeuer und Partys.

3 1. Mai
Am Tag der Arbeit finden traditionell Kundgebungen und Festlichkeiten im Stadtzentrum statt.

4 Christi Himmelfahrt, Mai/Juni
An den stets auf einen Donnerstag fallenden Feiertag schließen viele einen freien *klämdag* (Brückentag) an.

5 Nationalfeiertag, 6. Juni
Der Tag, an dem Gustav I. Wasa den Thron bestieg, ist seit dem Jahr 2005 offizieller Feiertag.

6 Mittsommerfest, Juni
Skansen *(siehe S. 12f)* bietet zur Sommersonnenwende (immer am Freitag um den 21. Juni) besonders schöne Feste.

7 Krebssaison, August
Mit Freunden zu Hause oder an den vielen Stränden in Stockholms Umgebung pult man Krebse und trinkt Schnaps.

8 Luciafest, 13. Dezember
Weiß gekleidete Mädchen singen bei Kerzenprozessionen in Schulen, Kirchen, Büros etc. Weihnachtslieder. Es werden Safranschnecken gegessen.

9 Weihnachten, 24.–26. Dezember
Am Weihnachtsabend feiern die Familien mit traditionellem *julbord*, einem weihnachtlichen *smörgåsbord*.

10 Silvester, 31. Dezember
Kurz vor Mitternacht strömen auch die Schweden ausgelassen auf die Straßen, um bei Feuerwerk den Jahreswechsel zu feiern.

Krebse, Knäckebrot und Schnaps

Stadtteile

Farbenfrohe Häuser rund um den Stortorget, Stockholms ältesten Platz

TOP 10 Norrmalm & City

Glasobelisk, Sergels torg

Der zentrale, oft schlicht als City bezeichnete Stadtbezirk Norrmalm wurde großteils in den 1960er und 1970er Jahren angelegt, als man historische Bauten durch moderne Hochhäuser ersetzte – eine bis heute umstrittene Maßnahme. Trotz aller Kontroversen ist das Viertel beliebt und belebt, seine Fußgängerzonen säumen diverse schicke Läden mit erschwinglichem Angebot. Hier finden sich sowohl Åhléns, Schwedens größtes Kaufhaus, als auch das exklusive NK. Norrmalm birgt außerdem einige hübsche Plätze und den Kungsträdgården – ein begrüntes Areal, wo immer etwas los ist.

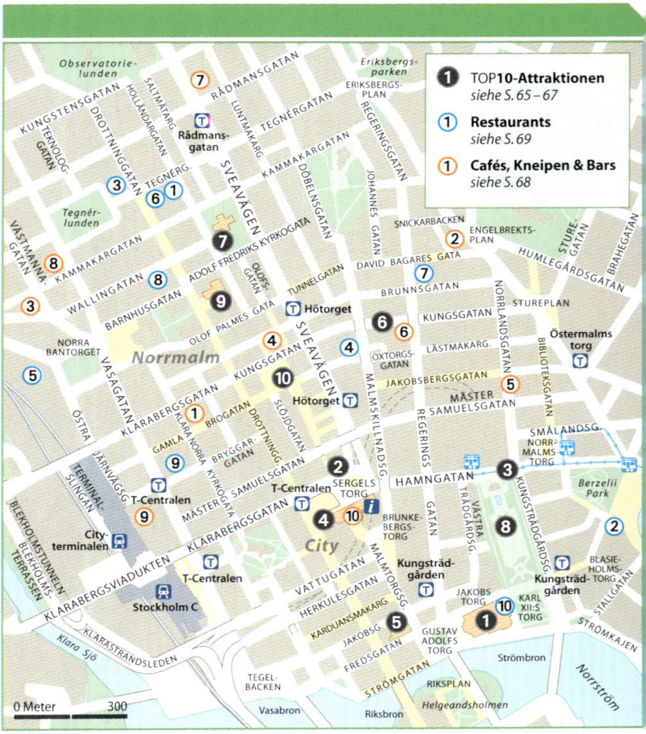

1 **TOP10-Attraktionen** *siehe S. 65–67*

1 **Restaurants** *siehe S. 69*

1 **Cafés, Kneipen & Bars** *siehe S. 68*

Kungliga Operan

1 Kungliga Operan

Karte M4 ▪ Gustav Adolf torg 2 ▪ +46 8 791 4400 ▪ www.operan.se

n der »Königlichen Oper«, der schwedischen Staatsoper, wird so manche Produktion in der Originalsprache mit schwedischen Übertiteln gezeigt. Von August bis Mai gibt es fast jeden Samstag englischsprachige Führungen, bei denen man auch hinter die Bühne, in die Königsloge und in den Orchestergraben gelangt.

2 Sergels torg

Karte L3

Der Platz wurde in den 1960er Jahren im Zuge der Modernisierung des Stadtzentrums angelegt und nach dem klassizistischen Bildhauer Johan Tobias Sergel (1740–1814) benannt. Er bildet einen zentralen Verkehrsknotenpunkt: Die Tunnelbana-Station T-Centralen ist die einzige in Stockholm, an der die rote, die grüne und die blaue Linie zusammenlaufen. Auf dem schwarzweiß gemusterten Platz finden oft Demonstrationen oder Straßenkunstaufführungen statt. Der eindrucksvolle Glasobelisk wird nachts beleuchtet.

3 Hamngatan

Karte M3

An der Shoppingmeile zwischen Sergels torg, Kungsträdgården und Berzelii Park liegen das Kaufhaus NK, die Mall Gallerian und der Flagship-Store von H&M. Die Tramlinie 7 fährt über die Hamngatan via Norrmalmstorg nach Djurgården. Der Norrmalmstorg ist auch Startpunkt der historischen Trambahnen nach Djurgården *(siehe S. 106)*. Der 1973 am Norrmalmstorg verübte Bankraub prägte den Begriff »Stockholm-Syndrom«, der besagt, dass Geiseln unter Stress mit ihren Entführern sympathisieren.

4 Kulturhuset

Karte L3 ▪ Sergels torg ▪ +46 8 5062 0200 ▪ Ticketshop: Mo–Fr 11–19.30 Uhr, Sa & So 11–17 Uhr ▪ www.kulturhusetstadsteatern.se

Das vom Architekten Peter Celsing als »kulturelles Wohnzimmer« konzipierte Kulturzentrum bietet auf sieben Etagen mehrere Bibiliotheken – auch eine für Kinder –, interessante Ausstellungen mit zeitgenössischer Fotografie und Kunst, Filme, Theater und vieles mehr. Auch Konzerte finden hier statt – im Haus oder auf der Dachterrasse mit fantastischem Blick auf Stockholm.

Kulturhuset am Sergels torg

Büsten im Medelhavsmuseet

5 Medelhavsmuseet

Karte M4 ■ Fredsgatan 2 ■ +46 10 456 1200 ■ Di–Fr 11–20 Uhr, Sa & So 11–17 Uhr ■ www.medelhavs museet.se

Das archäologisch wie auch kulturhistorisch orientierte »Mittelmeermuseum« präsentiert Funde aus dem Mittelmeerraum und dem Nahen Osten. Die ägyptische Abteilung birgt Mumien, Sarkophage und Grabbeigaben, die Ausstellungen zum Nahen Osten und zum Islam zeigen die Entwicklung der islamischen Kunst. Bedeutend sind auch die antiken Artefakte, die bei der schwedischen Zypernexpedition 1927 bis 1931 gesammelt wurden. Zum Museum gehört das bezaubernde Bagdad Café.

6 Kungsgatan

Karte M2

Die »Königsstraße« wurde 1904/05 angelegt, um Kungsholmen, Norrmalm und Östermalm zu verbinden. Die beiden Kungstornen genannten »Wolkenkratzer« entstanden in den Jahren 1924/25 nach dem Vorbild der Hochhäuser jener Zeit in Lower Manhattan. Sie waren die ersten ihrer Art in Europa. Die Kungsgatan ist vor allem am östlichen Ende zwischen Hötorget und Stureplan eine lebhafte Einkaufsstraße, die viele Läden für Mode, Haushaltswaren und Elektronikartikel bietet. Hier steht auch das Kino Rigoletto aus dem Jahr 1939.

7 Grab von Olof Palme

Karte L1

An Olof Palmes Grab auf dem Kirchhof der Adolf Fredriks kyrka *(siehe S. 40)* steht nur ein schlichter Grabstein, doch an der nahen Sveavägen erinnert auf Höhe Tunnelgatan eine Gedenktafel an den schwedischen Ministerpräsidenten, der am 28. Februar 1986 an dieser Stelle ermordet wurde *(siehe S. 39)*. Noch heute legen dort vor allem am Todestag von Olof Palme zahlreiche Menscher Blumen ab. Die Richtung Westen verlaufende Straße wurde nach dem Mord in Olof Palmes gata umbenannt.

8 Kungsträdgården

Karte M3

Im Sommer kann man im grünen, bei den Stockholmern sehr beliebten »Königsgarten« herrlich entspannen, im Winter locken ein Weihnachtsmarkt und eine Eislaufbahn. Das ganze Jahr über finden Freiluftkonzerte und andere Veranstaltun-

Kirschblüte im Kungsträdgården

gen statt. 2004 hat man die alterskranken Ulmen durch 285 Linden ersetzt. Zudem wurden Pavillons mit Cafés, Bars und Restaurants errichtet *(siehe S. 44)*.

9 Centralbadet

Karte L1 ■ Drottninggatan 88 ■ +46 8 5452 1300 ■ Mo – Fr 7–20.30 Uhr, Sa 9 –18.30 Uhr, So 9 – 17.30 Uhr ■ Eintritt ■ www.centralbadet.se

Das Bad in dem schönen Jugendstilgebäude von 1904 an der geschäftigen Drottninggatan sorgt mit Sauna, Massagen, Reflexzonentherapie und Gesichtsbehandlungen für Entspannung. Es gibt auch ein Sonnendeck, einen Fitnessraum, eine Bar und ein gutes Restaurant.

Schwimmbecken im Centralbadet

10 Hötorget

Karte L2

Auf dem Platz im Zentrum des Einkaufsviertels und nahe der Kungsgatan lockt ein lebhafter Obst- und Gemüsemarkt. Vor dem hellblauen Konserthuset steht eine Statue des Bildhauers Carl Milles. Am Südende des Platzes werden im Filmstaden Sergel, einem der größten Multiplexkinos in Stockholm, internationale Filme in Originalsprache gezeigt. Nebenan bietet die Markthalle Hötorgshallen Delikatessen aus Schweden und aller Welt. An der Nordseite des Platzes kann man im Food-Court der Kungshallen *(siehe S. 68)* die Küchen zahlreicher Länder kennenlernen.

Spaziergang

Vormittags

Starten Sie an der **Tunnelbana-Station Kungsträdgården**, Endhaltestelle der blauen Linie – den Bahnhof zieren Relikte von in den 1960er Jahren abgerissenen Häusern aus dem 18. Jahrhundert. Spazieren Sie dann durch den **Kungsträdgården** nach Norden zur **Hamngatan**, an der das Kaufhaus NK mit der großen Neonuhr auf dem Dach, der Flagship-Store von **H&M** und die Gallerian liegen. Über die Hamngatan gelangen Sie zum **Sergels torg** und zum **Kulturhuset**, wo Sie sich über das laufende Programm informieren und im Café im fünften Stock eine Kaffeepause einlegen können. Vom Sergels torg führt die autofreie **Sergelgatan** zum **Hötorget**. Dort bieten sich Hötorgshallen oder **Kungshallen** *(siehe S. 68)* für einen Imbiss an.

Nachmittags

Nahe dem Hötorget führen die Sveavägen und die Olofsgatan zur **Gedenktafel für Olof Palme** und zur **Adolf Fredriks kyrka** mit dem Grab des Ministerpräsidenten. Die Kirche birgt ein Denkmal für den französischen Philosophen René Descartes, der 1649 auf Einladung Königin Kristinas Stockholm besuchte und ein Jahr darauf in der Stadt verstarb. Die **Kungsgatan** säumen zwei Hochhäuser aus den 1920er Jahren und viele Läden. Das **Vete-Katten** *(siehe S. 68)* lädt zu Kaffee und Gebäck, das **Smak** *(siehe S. 69)* nahe der Kreuzung Kungsgatan und Vasagatan zum Abendessen.

Siehe Karte S. 64 ←

Cafés, Kneipen & Bars

Beeindruckendes Angebot an Kuchen und Gebäck bei Vete-Katten

1 Vete-Katten

Karte K2 ■ Kungsgatan 55 ■ +46 8 208 405 ■ Mo–Fr 7.30–20 Uhr, Sa & So 9–19 Uhr

Das nostalgische Café bezaubert mit traditionellem Gebäck und Marmortischchen *(siehe S. 52)*.

2 Vassa Eggen

Karte D2 ■ Birger Jarlsgatan 29 ■ +46 8 216 169 ■ Mo–Fr 6.30–10 Uhr, 11.30–14 Uhr & 17.30–23 Uhr

Das beliebte Grillrestaurant wird am späten Abend zum lebhaften Club mit guten DJs.

3 Waza Restaurang & Bryggeri

Karte J2 ■ Wallingatan 38 ■ +46 8 230 030 ■ Mi & Do 14–23 Uhr, Fr & Sa 14–24 Uhr

Es gibt Bier aus der hauseigenen Brauerei und viele weitere Sorten.

4 Kungshallen

Karte L2 ■ Kungsgatan 44 ■ Mo–Fr 9–23 Uhr, Sa 11–23 Uhr, So 12–22 Uhr

Der Food-Court am Hötorget bietet internationale Spezialitäten.

5 Bianchi Café & Cycles

Karte M2 ■ Norrlandsgatan 16 ■ +46 8 611 2100 ■ Mo & Di 11–22 Uhr, Mi & Do 11–23 Uhr, Fr & Sa 11–24 Uhr, So 11–17 Uhr

Das Café mit Fahrradladen setzt mit gutem Kaffee und tollen Imbissen auf Qualität italienischer Art.

6 K25 Stockholm

Karte K2 ■ Kungsgatan 25 ■ Mo–Fr 7.30–21 Uhr, Sa 11–21 Uhr

In der Food-Hall bieten beinahe ein Dutzend Händler Köstlichkeiten zu günstigen Preisen an.

7 Sosta

Karte L1 ■ Sveavägen 84 ■ +46 8 612 1349 ■ Mo–Do 8–18 Uhr, Fr 8–19.30 Uhr

Die Café-Bar italienischen Stils lässt Espressoliebhaber ins Schwärmen geraten *(siehe S. 52)*.

8 Pizza Hatt

Karte K1 ■ Upplandsgatan 9 ■ Di–Fr 11.30–14.30 Uhr & 16.30–20.30 Uhr, Fr 11.30–22 Uhr, Sa & So 14–20.30 Uhr

Das Lokal bietet leckere Pizzas auch zum Mitnehmen an.

9 Icebar by Icehotel

Karte C3 ■ Hotel C Stockholm, Vasaplan 4 ■ +46 8 5056 3520 ■ So–Do 15–24 Uhr, Fr & Sa 15–1 Uhr

Einrichtung und Ausstattung der Bar sind komplett aus Eis gemacht.

10 Café Panorama

Karte L3 ■ Sergels torg 3 ■ +46 8 211 035 ■ Di–Fr 11–20 Uhr, Sa 11–18 Uhr, So 11–17 Uhr

Durch die großen Fenster des Cafés im fünften Stock des Kulturhuset *(siehe S. 65)* genießt man beim Kaffee oder Mittagessen einen herrlichen Blick auf die Stadt.

→ Siehe Karte S. 64

Restaurants

Preiskategorien
Preis für ein Drei-Gänge-Menü pro Person mit einer halben Flasche Wein, inkl. Steuern und Service.

(Kr) unter 700 Kr (Kr)(Kr) 700–1000 Kr
(Kr)(Kr)(Kr) über 1000 Kr

1 Supper

Karte K1 ■ Tegnérgatan 37 ■ +46 8 232 424 ■ Mo–Sa 11.30–14 & 17–1 Uhr (Fr & Sa durchgehend) ■ (Kr)(Kr)

Die Gerichte südamerikanischer Art werden wie Tapas serviert.

2 Wedholms Fisk

Karte N3 ■ Arsenalsgatan 1 ■ +46 8 611 7874 ■ Mo 11.30–14 & 16–23 Uhr, Di–Fr 11.30–23 Uhr, Sa 17–23 Uhr ■ (Kr)(Kr)(Kr)

Das traditionelle Fischrestaurant bietet elegantes Ambiente und eine große Auswahl an Gerichten.

3 Grill

Karte C2 ■ Drottninggatan 89 ■ +46 8 314 530 ■ Mo & Di 17–23 Uhr, Mi & Do 17–24 Uhr, Fr 17–1 Uhr, Sa 16–1 Uhr ■ (Kr)(Kr)

Das stilvolle Restaurant lockt mit über Holz oder Holzkohle gegrillten Fleischspezialitäten.

4 Smak

Karte L2 ■ Oxtorgsgatan 14 ■ +46 8 220 952 ■ Mo–Fr 11.30–14 & 17–24 Uhr, Sa 17–24 Uhr ■ (Kr)(Kr)

Im Smak stellen sich Gäste aus drei, fünf oder sieben Probiergerichten ihr eigenes Menü zusammen.

5 Cloud Nine Food & Cocktails

Karte J2 ■ Torsgatan 1 ■ +46 8 653 6990 ■ Mo–Mi 11–14 & 17–23 Uhr, Do & Fr 11–14 & 17–24 Uhr, Sa 17–24 Uhr ■ (Kr)(Kr)

Das Lokal mit französisch-asiatischer Küche und netter Atmosphäre bietet im Sommer auch Tische im Freien.

6 Rolfs Kök

Karte C2 ■ Tegnérgatan 41 ■ +46 8 101 696 ■ Mo–Fr 11.30–24 Uhr, Sa & So 17–24 Uhr ■ (Kr)

Exzellente Weine begleiten die modernen Interpretationen traditioneller Gerichte *(siehe S. 54)*.

7 Nalen Restaurang

Karte M1 ■ Regeringsgatan 74 ■ +46 8 5052 9201 ■ Di–Fr 11–15 & 16–23 Uhr, Sa 17–23 Uhr ■ (Kr)

Die traditionelle Küche überzeugt.

8 Tjabba Thai

Karte K1 ■ Wallingatan 7 ■ +46 8 219 988 ■ Mo–Fr 11–22 Uhr, Sa & So 14–22 Uhr ■ (Kr)

Das exzellente Thai-Restaurant serviert hervorragendes Seafood.

9 Belgobaren

Karte K3 ■ Bryggargatan 12a ■ +46 8 246 640 ■ Mo & Mi 11–24 Uhr, Di & Fr 11–1 Uhr, Sa 13–1 Uhr, So 16–23 Uhr ■ (Kr)

Es gibt zehn Miesmuschelgerichte, u. a. klassische *moules frites*.

10 Operakällarens Bakfickan

Karte M3 ■ Karl XII:s torg ■ +46 8 676 5800 ■ Mo–Fr 11.30–23 Uhr, Sa 12–22 Uhr ■ (Kr)(Kr)

Hier genießt man Fleischbällchen und andere schwedische Klassiker.

Essen an der Theke im Operakällarens Bakfickan

TOP 10 Kungsholmen & Vasastan

Das einst wegen seiner Industriebauten und überfüllten Quartiere »Hungerinsel« genannte Kungsholmen erblühte Anfang des 20. Jahrhunderts mit dem Bau des augenfälligen Stadshuset. Heute locken hier lebhafte Lokale und friedliche Uferspaziergänge. In Vasastan warten die Stadsbiblioteket, der beliebte Vasaparken und die unterhaltsame Gegend rund um die Odengata.

Weithin sichtbares Stadshuset

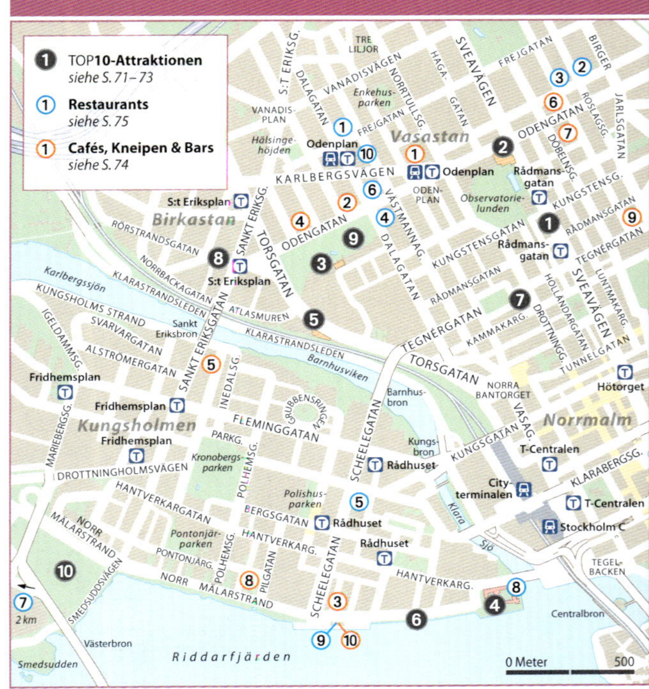

1 Sveavägen

Karte C1 – C3

Die Straße, die vom Zentrum zum Odenplan und weiter zum nördlichen Stadtrand führt, erinnert an einen Pariser Boulevard. Der Bereich am Sergels torg ist wenig eindrucksvoll, doch an dem von Bäumen gesäumten Abschnitt nach dem Hötorget befinden sich schicke Läden und Restaurants, die Adolf Fredriks kyrka *(siehe S. 40)* und die Stadsbiblioteket. Nach dem Odenplan führt die Straße weiter nach Norden und endet schließlich nahe dem Hagaparken *(siehe S. 34f)*.

2 Stadsbiblioteket

Karte C1 ■ Sveavägen 73 ■ +46 8 5083 0900 ■ Mo, Mi & Do 10 – 17 Uhr, Di 13 – 19 Uhr, Fr – So 12 – 16 Uhr ■ www.biblioteket.stockholm.se

Die 1928 eröffnete Bibliothek zählt zu Stockholms wichtigsten Bauwerken des frühen 20. Jahrhunderts. Das Gebäude wurde von Gunnar Asplund im Stil des Nordischen Klassizismus entworfen. Herausragendes Merkmal ist die Rotunde, deren weiß gestrichene Decke den Innenraum licht erscheinen lässt. Dicht bestückte Bücherregale säumen die Wände der Galerien. Die Stadsbiblioteket war die erste Bibliothek Schwedens, die es Besuchern ermöglichte, eigenständig statt durch Anfrage beim Personal auf die Bücher zuzugreifen.

Sven-Harrys Konstmuseum

3 Sven-Harrys Konstmuseum

Karte B2 ■ Eastmansvägen 10 – 12 ■ +46 8 5116 0060 ■ Di – Fr 10 – 18 Uhr (Do bis 20 Uhr), Sa & So 11 – 17 Uhr ■ www.sven-harrys.se

Der Bauunternehmer und Kunstsammler Sven-Harry Karlsson, Jahrgang 1931, initiierte den mit goldener Kupferlegierung verkleideten Bau, der ein Museum, Galerien, Restaurants und Privatwohnungen beherbergt. Auf dem Dach stehen Skulpturen. Im Penthouse, einem Nachbau von Karlssons Wohnstatt aus dem 18. Jahrhundert, wird dessen Sammlung präsentiert.

4 Stadshuset

Das am Ufer des Riddarfjärden gelegene Rathaus, der Sitz von Stadtregierung und Stadtparlament, wurde 1923 eingeweiht. Das Gebäude im nationalromantischen Stil soll aus acht Millionen Backsteinen bestehen *(siehe S. 22f)*.

Volle Bücherregale in der zentralen Rotunde der Stadsbiblioteket

Shopping in Kungsholmen

Kungsholmen ist eine gute Shoppingalternative zum hektischen Stadtzentrum. Die wichtigsten Einkaufsstraßen sind Sankt Eriksgatan und Fleminggatan, in Fridhemsgatan und Hantverkargatan findet man tolle Secondhandläden.

Bonniers Konsthall

5 Bonniers Konsthall

Karte B2 ■ Torsgatan 19 ■ +46 8 736 4255 ■ Mi 12–20 Uhr, Do–So 12–17 Uhr ■ Eintritt ■ www.bonniers konsthall.se

Das markante dreieckige Gebäude wurde von Johan Celsing entworfen und 2006 fertiggestellt. Es beheimatet eine der führenden Galerien für schwedische und internationale zeitgenössische Kunst in Stockholm. Die unabhängige und gemeinnützige Einrichtung verfolgt mit kostenlosen Ausstellungen – von Turner-Prize-Gewinnern bis zu jungen schwedischen Künstlern – das Ziel, die Auseinandersetzung mit dem aktuellen Kunstschaffen zu fördern.

6 Norr Mälarstrand

Karte J4

Der malerische Norr Mälarstrand lädt zu Spaziergängen ein. Der Kai, an dem Schiffe und Hausboote vor Anker liegen, geht Richtung Westen in einen am Ufer verlaufenden Fußweg über. Gute Ausgangspunkte sind Stadshuset und Västerbron, wo von der Haltestelle der Buslinie 4 am Västerbroplan eine Treppe zum Rålambshovsparken und zum Uferweg hinabführt. An der Strecke, die fantastische Aussicht über den Riddarfjärden nach Söder bietet, gibt es viele Einkehrmöglichkeiten.

7 Strindbergsmuseet

Karte K1 ■ Drottninggatan 85 ■ +46 8 441 9170 ■ Di–So 12–16 Uhr (Juli & Aug ab 10 Uhr) ■ Eintritt ■ www. strindbergsmuseet.se

In dem Haus, das er selbst »Blauer Turm« nannte, verbrachte August Strindberg, der Vater der modernen schwedischen Literatur, die letzten vier Jahre seines Lebens. Arbeits-, Wohn- und Schlafzimmer sind im Originalzustand erhalten und versetzen Besucher ins Jahr 1912 zurück. Ausgestellt sind auch viele Fotografien von Strindberg, seiner Familie und von Orten, die mit dem Schriftsteller in Verbindung stehen.

8 Rörstrandsgatan

Karte A2

Die Straße hat ihren Namen von der mittelalterlichen Stadt Rörstrand, wird von den Anwohnern aber gern »Klein-Paris« genannt. Das Angebot ihrer Läden reicht von britischem Tweed über italienische Fliesen bis zu handgemachten Pralinen. Im Sommer sorgen Straßencafés und Restaurants hier für lebhafte Atmosphäre. Die Straße beginnt am Sankt Eriksplan und geht später in den Karlbergsvägen über.

Fußballplatz im Vasaparken

 Vasaparken

Karte B2

Die im frühen 20. Jahrhundert als »Freifläche für kostenlose Spiele« geschaffene grüne Lunge von Vasastan bietet Fußballplätze, Boule-Bahnen, einen Kinderspielplatz und im Winter eine Eislaufbahn. Spazierwege und weite Rasenflächen dienen der Entspannung. Die von Gottfrid Larsson gefertigte Skulptur *Arbetaren* wurde 1917 zu Ehren der Arbeiterklasse aufgestellt. Kioske verkaufen Getränke und Snacks.

 Rålambshovsparken

Karte A3

Der von den Stockholmern kurz »Rålis« genannte Park wurde 1936 angelegt. Zur gleichen Zeit entstand die Västerbron. Im Sommer bevölkern Sonnenhungrige, Fußballer, *Brännboll*- und Frisbeespieler das beliebte Naherholungsgebiet. Die Freilichtbühne im Park wurde im Jahr 1953 eröffnet.

Norr Mälarstrand auf der Insel Kungsholmen

Spaziergang

Vormittags

Von Mai bis September finden im **Stadshuset** vormittags um zehn englischsprachige Führungen statt. Hier am Rathaus beginnt auch der malerische Uferweg des **Norr Mälarstrand**. Im hübschen Café **Petite France** *(siehe S. 74)* können Sie sich mit Kaffee und Gebäck stärken. Vom nordöstlichen Ende des **Rålambshovsparken** führt die **Sankt Eriksgatan** durch das Shoppingviertel von Kungsholmen. Nach einem Bummel durch die Läden und das Einkaufszentrum am Fridhemsplan empfiehlt sich ein Mittagsimbiss im **Café Fix** (Sankt Eriksgatan 35), das als ältestes Café der Stadt gilt.

Nachmittags

Nach Überqueren der **Sankt Eriksbron** gelangen Sie zum Nordende der Sankt Eriksgatan, wo es viele Musikläden gibt. Im nahen **Vasaparken** können Sie im Sommer Eis essen und im Winter eislaufen. Für eine kleine Rast bietet die **Konditori Ritorno** *(siehe S. 74)* einen gemütlichen Gastraum und bei schönem Wetter Tische im Freien. Anschließend können Sie am **Odenplan** die **Stadsbiblioteket** mit der beeindruckenden Rotunde besuchen. Aus dieser Bibliothek werden jährlich über eine Million Bücher ausgeliehen. Beschließen Sie den Tag im **Café Tranan** *(siehe S. 74)*. In der bei den Stockholmern beliebten Bar können Sie zu Abend essen oder einfach nur gemütlich etwas trinken.

Siehe Karte S. 70

Cafés, Kneipen & Bars

1 Café Tranan
Karte B1 ▪ Karlbergsvägen 14 ▪ +46 8 5272 8100 ▪ tägl. 17–1 Uhr

Die im Kellergeschoss unter einem Restaurant gelegene Bar ist bei Einheimischen beliebt *(siehe S. 50)*.

2 Konditori Ritorno
Karte B2 ▪ Odengatan 80–82 ▪ +46 8 320 106 ▪ Mo–Do 7–22 Uhr, Fr 7–20 Uhr, Sa 8–18 Uhr, So 10–18 Uhr

Das Café im Retrolook serviert schwedischen Filterkaffee und Zimtschnecken.

3 Folk & Friends
Karte B4 ▪ Norr Mälarstrand 32 ▪ Di–Fr 16–22 Uhr, Sa 12–22 Uhr, So 16–19 Uhr

Gäste des netten Pubs lassen sich zu Pies neuseeländischer Art gern ein leichtes Craftbeer schmecken.

4 Vurma
Karte B2 ▪ Gästrikegatan 2 ▪ +46 8 306 230 ▪ Mo–Fr 11–19 Uhr, Sa & So 11–16 Uhr

In dem Café tragen Sandwiches ungewöhnliche Namen wie »Stupid«, »Stranger« oder »Angel«.

5 BrewDog Kungsholmen
Karte A2 ▪ Sankt Eriksgatan 56 ▪ +46 8 650 2110 ▪ Mo–Do 16–24 Uhr, Fr & Sa 15–1 Uhr

Die schottische Craftbeer-Marke schenkt in dieser Bar ihre besten Kreationen aus.

6 Non Solo Bar
Karte C1 ▪ Odengatan 34 ▪ +46 8 440 2082 ▪ Mo–Fr 7–21 Uhr, Sa & So 9–18 Uhr

Neben exzellentem Kaffee sind italienische Gerichte wie Pasta, Salate und *tramezzini* erhältlich.

7 Olssons Skor
Karte C1 ▪ Odengatan 41 ▪ +46 8 673 3800 ▪ Mi–Sa 21–3 Uhr

In dem schicken, spärlich beleuchteten Club tanzt man zu klassischen Electro-Beats.

8 Petite France
Karte B3 ▪ John Ericssonsgatan 6 ▪ +46 8 618 2800 ▪ Mo–Fr 7–18 Uhr, Sa & So 7–17 Uhr

Das Café verströmt das Flair einer französischen Bäckerei – samt der entsprechenden Auswahl an Brot und Kuchen *(siehe S. 52f)*.

9 Man in the Moon
Karte C2 ▪ Tegnérgatan 2c ▪ +46 8 458 9500 ▪ Mo 11–23 Uhr, Di–Do 11–24 Uhr, Fr 11–1 Uhr, Sa 12–1 Uhr

Das Pub bietet eine große Auswahl an schwedischem Craftbeer.

10 Orangeriet
Karte B4 ▪ Norr Mälarstrand, Kajplats 464 ▪ +46 8 5052 4475 ▪ Mo & Di 11–23 Uhr, Mi & Do 11–24 Uhr, Fr 11–1 Uhr, Sa 11.30–1 Uhr, So 11.30–22 Uhr

Das freundliche Lokal mit Tischen im Freien ist tagsüber ein Café und fungiert abends als Bar.

Tresen im BrewDog Kungsholmen

Restaurants

Preiskategorien

Preis für ein Drei-Gänge-Menü pro Person mit einer halben Flasche Wein, inkl. Steuern und Service.

(Kr) unter 700 Kr (Kr)(Kr) 700–1000 Kr
(Kr)(Kr)(Kr) über 1000 Kr

1 Linguini

Karte B1 ■ Frejgatan 48 ■ +46 8 314 915 ■ Mo–Do 17–21 Uhr, Fr & Sa 17–23.30 Uhr ■ (Kr)

Der gemütliche Italiener ist beliebt, verfügt aber nur über zehn Tische, Reservieren ist also ratsam.

2 Clas på Hörnet

Karte C1 ■ Surbrunnsgatan 20 ■ +46 8 165 136 ■ Mo & Sa 17–24 Uhr, Di–Fr 11.30–24 Uhr ■ (Kr)

Das Hotelrestaurant in einem Gebäude aus dem 18. Jahrhundert serviert schwedische Gerichte.

3 Svartengrens

Karte C1 ■ Tulegatan 24 ■ +46 8 612 6550 ■ Mi–So 17–24 Uhr (Fr & Sa bis 1 Uhr) ■ (Kr)(Kr)(Kr)

Sowohl die Fleischgerichte aus Biozutaten als auch die Cocktails sind in dem Gourmetrestaurant fabelhaft.

4 Wasahof

Karte B2 ■ Dalagatan 46 ■ +46 8 323 440 ■ Di–Do 17–23 Uhr, Fr 16–1 Uhr, Sa 12–1 Uhr ■ (Kr)(Kr)

Das klassische Bistro serviert exzellentes Seafood, auch Austern.

5 Spisa Hos Helena

Karte B3 ■ Scheelegatan 18 ■ +46 8 654 4926 ■ Mo–Fr 11–24 Uhr, Sa 16–24 Uhr, So 16–23 Uhr ■ (Kr)

Das beliebte Bistro bietet sonntags ein günstiges Festpreismenü.

6 Tennstopet

Karte B2 ■ Dalagatan 50 ■ +46 8 322 518 ■ Mo–Fr 11.30–1 Uhr, Sa & So 13–1 Uhr ■ (Kr)(Kr)(Kr)

Das Restaurant mit schwedischer Küche lockt mit Flair der 1940er und 1950er Jahre.

7 Lux Dag för Dag

Primusgatan 116 ■ +46 8 619 0190 ■ Di–Fr 11.30–14 & 17–23 Uhr, Sa 17–23 Uhr ■ (Kr)

Das Bistro-Restaurant verwendet für seine saisonalen Gerichte vor allem Zutaten aus der Region.

Elegantes Interieur des Lux Dag för Dag

8 Stadshuskällaren

Karte C4 ■ Hantverkargatan 1 ■ +46 8 5862 1830 ■ Mo & Di 11.30–14.30 Uhr, Mi–Fr 11.30–14.30 & 17–23 Uhr, Sa 17–23 Uhr ■ (Kr)(Kr)(Kr)

In den Kellergewölben des Stadshuset kann man seit 1901 auch die Menüs der Nobelpreis-Galadiners probieren.

9 Trattorian

Karte B4 ■ Norr Mälarstrand, Kajplats 464 ■ +46 8 6842 3870 ■ Mo–Do 17–23 Uhr, Fr 17–24 Uhr, Sa 11.30–14.30 Uhr & 17–24 Uhr, So 11.30–18 Uhr ■ (Kr)(Kr)

Das Lokal auf einem Ponton am Wasser bietet italienische Klassiker mit Blick auf den Sonnenuntergang.

10 Lilla Ego

Karte B1 ■ Västmannagatan 69 ■ +46 8 274 455 ■ Di–Sa 17–23 Uhr ■ (Kr)(Kr)(Kr)

Um in dem Bistro saisonale Gerichte preisgekrönter Köche zu genießen, sollte man reservieren *(siehe S. 54)*.

Siehe Karte S. 70 ←

TOP 10 Östermalm & Djurgården

Die beiden benachbarten Viertel sind sehr unterschiedlichen Charakters. Östermalm ist Stockholms wohl vornehmstes Viertel und beheimatet palastartige Wohnsitze, noble Restaurants und exklusive Läden. Das beschauliche Djurgården – die grüne Insel zählt nur rund 800 Einwohner – ist Teil des Kungliga Nationalstadsparken. Im Osten erstreckt sich eine Parklandschaft mit schönen Wanderwegen, im Westen locken Sehenswürdigkeiten wie Skansen, Junibacken und Vasamuseet und der Vergnügungspark Gröna Lund viele Besucher an.

Carl-von-Linné-Statue, Humlegården

1 TOP10-Attraktionen *siehe S. 77–79*

1 **Restaurants** *siehe S. 81*

1 **Cafés, Kneipen & Bars** *siehe S. 80*

1 Humlegården
Karte M1

n unmittelbarer Nähe des Stureplan ietet der »Hopfengarten« mit seinen breiten, von Eichen gesäumten Vegen und den ausgedehnten Raenflächen Erholung vom Trubel des tadtzentrums. Der einst königliche 'ark ist seit 1869 der Öffentlichkeit ugänglich. Er birgt die Kungliga Biblioteket, eine Statue des schwedischen Naturforschers Carl von inné und einen Kinderspielplatz. Im Sommer sind auch die Freiluftbars ınd -clubs in Betrieb *(siehe S. 45)*.

2 Historiska museet

Das historische Museum widmet sich Schwedens Vergangenheit on der Prähistorie über die Wikinerzeit bis zum Mittelalter. Die Exponate reichen von antikem Goldschmuck bis zur Rekonstruktion einer mittelalterlichen Dorfkirche aus Västergötland. Anhand von 3000 Jahre alten Artefakten illustiert das Museum das Leben der Menschen in der Frühgeschichte. Die Wikingerausstellung verdeuticht, dass diese als Krieger bekannen Völker auch friedlich als Kaufeute lebten *(siehe S. 32f)*.

3 Spaziergang am Djurgårdsbrunnsviken
Karte R4 – R5

Startpunkt des Spaziergangs ist die Bus- und Tramhaltestelle Djurgårdsbron gegenüber dem Nordiska museet. Nach Passieren der blauen Tore führt die Strecke die Rosendalsvägen entlang bis zum Gartencafé Rosendals

Brücke über den Djurgårdsbrunnsviken

Trädgård *(siehe S. 80)*. Unterwegs sieht man schimmernde Mahagoniboote, Kanus und Tretboote vorbeigleiten.

4 Gröna Lund

Das am Wasser gelegene Gröna Lund ist gleichzeitig Vergnügungspark und Veranstaltungsort von Konzerten. Seit den 1880er Jahren bezaubert der Park mit Karussells und Schaustellern, bietet heute aber auch moderne Fahrgeschäfte wie Fritt Fall, einen der höchsten Freifalltürme Europas, oder Eclipse, ein 122 Meter hohes Kettenkarussell vom Typ Starflyer, sowie etliche Achterbahnen. Auf dem Gelände gibt es zahlreiche Restaurants und Bars *(siehe S. 28f)*.

Vergnügungspark Gröna Lund

Galerie im Nordiska museet

5 Nordiska museet

Ein beeindruckendes Gebäude im Stil der Renaissance beheimatet das Museum, das mit einem riesigen Bestand von Exponaten das Alltagsleben in Schweden vom 16. Jahrhundert bis heute dokumentiert. Die Ausstellungen konzentrieren sich auf durch Umwälzung geprägte Epochen. So werden z. B. Modetrends der 1780er, 1860er und 1960er Jahre gezeigt. Wohninterieurs verdeutlichen die Zweckmäßigkeit in den 1970er Jahren ebenso wie die Opulenz des 19. Jahrhunderts. Auch Traditionen wie der Tanz um die Mittsommerstange werden erklärt *(siehe S. 30f)*.

6 Skansen

Das Freilichtmuseum in Djurgården zählt zu Stockholms beliebtesten Attraktionen. Beim Besichtigen von Häusern und Bauernhöfen aus allen Epochen und Landesteilen erleben Besucher eine Reise durchs Schweden vergangener Jahrhunderte. Kostümiertes Museumspersonal erzählt Geschichten und demonstriert Handwerk wie Glasblasen, Buchbinden und Backen. Familien freuen sich über die interaktiven Exponate, die Modellschule und den Rummelplatz mit den nostalgischen Fahrgeschäften *(siehe S. 12f)*.

7 ABBA The Museum

Karte R5 ■ Djurgårdsvägen 68 ■ +46 8 1213 2860 ■ tägl. 10 – mind. 18 Uhr (Mai – Aug bis 20 Uhr) ■ Eintritt ■ www.abbathemuseum.com

Das Museum begeistert mit interaktiven Exponaten Fans der schwedischen Popgruppe ABBA. Besucher können legendäre Bühnenoutfits bewundern, im rekonstruierten Polar Studio mit Hologrammen der Bandmitglieder singen und Erzählungen von Agnetha, Björn, Benny und Anni Frid über die erstaunliche Karriere der Band lauschen. Die Abteilung Folkpark widmet sich dem Jahr 1966, als die Bandgründer Benny und Björn sich kennenlernten *(siehe S. 42)*.

8 Vasamuseet

Das weltweit einzige erhaltene Schiff aus dem 17. Jahrhundert bietet einen imposanten Anblick. Die als Glanzstück der schwedischen Flotte erbaute Galeone sank auf ihrer Jungfernfahrt im Jahr 1628 schon nach wenigen Minuten, ruhte 333 Jahre lang im Meer und wurde 1961 in einer aufsehenerregenden Bergungsaktion gehoben. Die Ausstellungen im Vasamuseet erläutern die Geschichte des Schiffes und den Prozess seiner Restaurierung *(siehe S. 14f)*.

Östermalms Bauten

Das Viertel Östermalm wurde im späten 19. Jahrhundert rund um die breiten Boulevards Strandvägen, Karlavägen, Narvavägen und Valhallavägen angelegt. Führende Architekten der Zeit – darunter Gustaf Dahl, der die Kungliga Biblioteket im Humlegården entwarf, und Isak Gustaf Clason, der das Bünsowska Huset am Strandvägen erbaute – gestalteten den Bezirk ganz im Stil der Renaissance.

Stureplan
Karte M2

Der Name des Platzes mit dem pilzförmigen Unterstand im Zentrum steht für Luxus und Stil: Exklusive Modehäuser, vornehme Restaurants, edle Bars und schicke Clubs säumen die umliegenden Straßen.

Strandvägen
Karte P3 – Q3

Die für die Weltausstellung von 1897 angelegte Prachtstraße verläuft fast parallel zum Ufer des Nybroviken. Vor allem, wenn die historischen Straßenbahnen hier entlangfahren, verströmt der Boulevard Grandeur und Eleganz vergangener Zeiten. Das von Isak Gustaf Clason und Anders Gustaf Forsberg entworfene Bünsowska Huset in Nr. 29 – 33 war stilbildend für die Bebauung entlang der Straße. In der Straßenmitte verlaufen im Schatten großer Bäume Fuß- und Radwege an festgemachten Holzschiffen vorbei.

Bünsowska Huset, Strandvägen

Spaziergang

Vormittags

Startpunkt der Tagestour ist der **Stureplan**. Das am Platz gelegene Einkaufszentrum **Sturegallerian** (Stureplan 4) birgt exklusive Läden für Mode und Design sowie die Buchhandlung Hedengrens, die Literatur in zahlreichen Sprachen bietet. Viele Cafés laden zur Rast, das gemütliche Konditoriet ist besonders empfehlenswert. Anschließend können Sie das sich rund um den Östermalmstorg erstreckende Shoppingviertel von Östermalm erkunden. In der Markthalle **Östermalms Saluhall** aus dem 19. Jahrhundert locken viele Feinkoststände zum Imbiss. Alternativ führt Sie ein kurzer Spaziergang in die Linnégatan zur großartigen **Brasserie Elverket** *(siehe S. 81)*, die an Werktagen eine Reihe preiswerter Tagesgerichte anbietet.

Nachmittags

Nach dem Mittagessen gehen Sie weiter zum **Strandvägen**, wo Sie an der schönen Uferpromenade entlangflanieren können. Eine andere Option ist die Fahrt mit dem Bus oder der Tram zur Insel **Djurgården** *(siehe S. 45)*, um im Freilichtmuseum **Skansen** *(siehe S. 12f)* einen unterhaltsamen Nachmittag zu verbringen. Besichtigen Sie die Bauernhäuser und das rekonstruierte Stadtviertel, bevor Sie den Tag mit klassischen schwedischen Gerichten im Restaurant **Ulla Winbladh** *(siehe S. 81)* oder in der **Villa Godthem** *(siehe S. 81)* ausklingen lassen. Beide Lokale servieren auch im Freien.

Siehe Karte S. 76

Cafés, Kneipen & Bars

1 Rosendals Trädgård

Karte G4 ▪ Rosendalsterrassen 12 ▪ +46 8 5458 1270 ▪ tägl. 11–16 Uhr

Das idyllische Gartencafé verwendet für die Salate, Suppen und Sandwiches sowie für das Gebäck ausschließlich Biozutaten *(siehe S. 53)*.

2 Blå Porten

Karte R5 ▪ Djurgårdsvägen 64 ▪ +46 8 663 8759 ▪ Di–Do 11–21 Uhr, Fr–Mo 11–19 Uhr

Das Selbstbedienungslokal bietet eine große Auswahl an Gerichten. Es liegt unweit von Skansen, Gröna Lund und Vasamuseet.

Klassische Stockholmer Bar: Riche

3 Riche

Karte N2 ▪ Birger Jarlsgatan 4 ▪ +46 8 5450 3560 ▪ Mo & Di 11.30–24 Uhr, Mi–Fr 11.30–2 Uhr, Sa 11–2 Uhr, So 12–22 Uhr

Der beliebte Treff verfügt gleich über mehrere Bars *(siehe S. 50)*.

4 Sturekatten

Karte N2 ▪ Riddargatan 4 ▪ +46 8 611 1612 ▪ Mo–Fr 9–19 Uhr, Sa 9–18 Uhr, So 10–18 Uhr

Ein Wohnhaus aus dem 18. Jahrhundert birgt das nostalgische Café »Sture Katze« *(siehe S. 52)*.

5 East

Karte M2 ▪ Stureplan 13 ▪ +46 8 611 4959 ▪ Mo–Fr 11.30–3 Uhr, Sa & So 12–3 Uhr

Das Restaurant mit asiatischer Küche verwandelt sich ab 23 Uhr in einen Club.

6 Obaren Sturehof

Karte M2 ▪ Stureplan 2 ▪ +46 8 440 5730 ▪ Mi–Sa 20–2 Uhr

Der Club, Zentrum des quirligen Nachtlebens rund um den Stureplan, veranstaltet grandiose Partys.

7 Scandic Anglais

Karte D2 ▪ Humlegårdsgatan 23 ▪ +46 8 5173 4000 ▪ Mo & Di 9–24 Uhr, Mi–Sa 9–2 Uhr, So 11–24 Uhr

Dieser Club mit drei Bars und einer Dachterrasse hat viele feierlustige Stammgäste. An den meisten Abenden legen DJs auf.

8 Valhallabageriet

Karte R1 ▪ Valhallavägen 174 ▪ +46 8 662 9763 ▪ Mo–Fr 7–18 Uhr, Sa 8–15 Uhr, So 9–15 Uhr

In Stockholm scheinen jede Woche neue Bäckereien zu eröffnen. Die Valhallabageriet gibt es aber schon lange – vermutlich wegen der tollen Brötchen und des guten Gebäcks.

9 Saturnus

Karte D2 ▪ Eriksbergsgatan 6 ▪ +46 8 611 7700 ▪ Mo–Fr 8–19 Uhr, Sa & So 9–19 Uhr

Das Café mit Pariser Flair serviert große Tassen Kaffee und üppig proportionierte Zimtschnecken. Es bietet Frühstück und Brunch. Für Gäste liegt eine Auswahl an internationalen Zeitungen aus *(siehe S. 52)*.

10 Tudor Arms

Karte P2 ▪ Grevgatan 31 ▪ +46 8 660 2712 ▪ Mo 16–23 Uhr, Di–Fr 11–23 Uhr, Sa 13–23 Uhr, So 13–19 Uhr

Schon seit 1969 lockt dieses einladende Pub mit Bier, Kneipenkost und authentisch britischer Atmosphäre.

→ Siehe Karte S. 76

Restaurants

Preiskategorien
Preis für ein Drei-Gänge-Menü pro Person mit einer halben Flasche Wein, inkl. Steuern und Service.

(Kr) unter 700 Kr (Kr)(Kr) 700–1000 Kr
(Kr)(Kr)(Kr) über 1000 Kr

1 Villa Godthem

Karte R4 ■ Rosendalsvägen 9 ■ +46 8 6842 3840 ■ Mo–Do 11.30–22 Uhr, Fr 11.30–23 Uhr, Sa 12–23 Uhr, So 12–21.30 Uhr ■ (Kr)

Inmitten der Parklandschaft von Djurgården birgt ein Haus aus dem 19. Jahrhundert dieses Lokal mit guter schwedischer Küche.

2 Sturehof

Karte M2 ■ Stureplan 2 ■ +46 8 440 5730 ■ Mo–Sa 11.30–2 Uhr, So 12–2 Uhr ■ (Kr)(Kr)

Das hervorragende Restaurant in Östermalm ist auf Seafood spezialisiert *(siehe S. 55)*.

3 Ekstedt

Karte D2 ■ Humlegårdsgatan 17 ■ +46 8 611 1210 ■ Di–Fr 17.30–1 Uhr, Sa 12–21.30 Uhr ■ (Kr)(Kr)(Kr)

Starkoch Niklas Ekstedt bietet in seinem Restaurant vier- und sechsgängige Menüs an. Die Speisen werden vorwiegend über offenem Holzfeuer zubereitet *(siehe S. 55)*.

4 Teatergrillen

Karte N2 ■ Nybrogatan 3 ■ +46 8 5450 3565 ■ Mo & Di 11.30–22 Uhr, Mi & Do 11.30–24 Uhr, Fr 11.30–1 Uhr, Sa 12–1 Uhr ■ (Kr)(Kr)(Kr)

Die französisch-schwedischen Gerichte in dem Restaurant sind nicht gerade günstig, aber exzellent.

5 Brasserie Elverket

Karte Q2 ■ Linnégatan 69 ■ +46 8 661 2562 ■ Mo 11–14 Uhr, Di–Fr 11–23 Uhr, Sa 12–24 Uhr ■ (Kr)

Mittagsgerichte mit gutem Preis-Leistungs-Verhältnis und Craftbeer vom Fass locken in dem Bierlokal französischen Stils.

6 Gastrologik

Karte D3 ■ Artillerigatan 14 ■ +46 8 662 3060 ■ Di–Sa 18–23.30 Uhr ■ (Kr)(Kr)(Kr)

Die Speisekarte des Restaurant mit neuer nordischer Küche wechselt täglich *(siehe S. 54)*.

7 Grodan

Karte N2 ■ Grev Turegatan 16 ■ +46 8 679 6100 ■ Mo 7.30–23 Uhr, Di–Do 7.30–24 Uhr, Fr 7.30–1 Uhr, Sa 12–1 Uhr, So 12–22 Uhr ■ (Kr)(Kr)

An das Restaurant mit guter schwedisch-europäischer Küche grenzt eine Bar.

8 PA & Co

Karte N2 ■ Riddargatan 8 ■ +46 8 611 0845 ■ tägl. 17–24 Uhr ■ (Kr)

Die Gäste des Lokals genießen in gemütlichem Ambiente kreative schwedische Küche.

9 Cassi

Karte Q2 ■ Narvavägen 30 ■ +46 8 661 7461 ■ Mo–Fr 10.45–20 Uhr, So 13–20 Uhr ■ (Kr)(Kr)

Das französische Bistro in Familienhand verströmt 1970er-Jahre-Flair.

10 Ulla Winbladh

Karte R4 ■ Rosendalsvägen 8 ■ +46 8 5348 9701 ■ Di–Fr 11.30–23 Uhr, Sa 12.30–23 Uhr, So & Mo 11.30–22 Uhr ■ (Kr)(Kr)

Der traditionelle schwedische Gasthof liegt unweit der Djurgårdsbron.

Tische im Freien bei Ulla Winbladh

TOP 10 Gamla stan, Skeppsholmen & Blasieholmen

Löwenstatue, Kungliga slottet

Gamla stan ist das Areal, in dem die Stadt Stockholm im 13. Jahrhundert entstand. Heute lockt die schöne mittelalterliche Altstadt zahlreiche Besucher an. Abseits des Trubels erscheinen die engen Gassen, vor allem abends und wenn es schneit, märchenhaft. Das Kungliga slottet ist die Hauptattraktion, zudem birgt das Viertel viele schöne Kirchen. Zu den Museen in Skeppsholmen zählen das Moderna museet mit Werken des 20. Jahrhunderts und das Östasiatiska museet mit antiken Artefakten aus Asien. Das Nationalmuseum befindet sich in Blasieholmen unweit des Grand Hôtel.

Vorhergehende Doppelseite Uferstraße in Södermalm

Die kleine Insel Riddarholmen mit der Riddarholmskyrkan

Riddarholmen

Karte L5

Die von Gamla stan durch eine Hauptstraße und einen Fluss getrennte »Ritterinsel« lohnt einen Besuch. Die Evert Taubes terrass bietet traumhaften Blick auf den Mälaren. Auf Riddarholmen befinden sich die Riddarholmskyrkan *(siehe S. 40)* und zahlreiche Palais aus dem 17. Jahrhundert. Die Walpurgisnacht *(siehe S. 61)* wird auf der Insel mit Lagerfeuern und Gesang gefeiert.

1 **TOP10-Attraktionen** *siehe S. 85–87*

1 **Restaurants** *siehe S. 91*

1 **Cafés, Kneipen & Bars** *siehe S. 90*

1 **Dies & Das** *siehe S. 88*

1 **Shopping** *siehe S. 89*

Slupskjulsvägen, Skeppsholmen, Svensksundsvägen, Långa Raden, Amiralsvägen, Gröna Gången, Södra Brobänken, Kastellholmsbron, Skeppsholmen, Kastellparken, Örlogsvägen, Kastellholmskajen, Kastellholmen

2 Nationalmuseum

Karte N4 ■ Södra Blasieholmshamnen 2 ■ +46 8 5195 4300 ■ Di–So 11–17 Uhr (Do bis 20 Uhr) ■ www.nationalmuseum.se

Die etwa 16 000 Gemälde und Skulpturen von der Renaissance bis zur Gegenwart bilden zusammen mit einem riesigen Bestand an Kunsthandwerksobjekten, Zeichnungen und Stichen die größte Kunstsammlung Schwedens *(siehe S. 43)*.

3 Kungliga slottet

Mit über 1000 Räumen zählt das 1754 vollendete barocke »Königliche Schloss« zu den größten Europas. Es wird für Empfänge genutzt. Zu den fünf Museen im Schloss gehört auch die Schatzkammer mit den Reichsregalien *(siehe S. 26f)*.

Schlafgemach, Kungliga slottet

4 Storkyrkan

Karte M5 ■ Trångsund 1

Die Stockholmer Domkirche wurde im 14. Jahrhundert vollendet. Zu den Kunstschätzen zählen die Skulptur des heiligen Georg mit dem Drachen (1489) und das *Vädersoltavlan* (»Nebensonnengemälde«). Die 1535 angefertigte Kopie eines älteren Bildes zeigt den Blick von den Klippen Södermalms auf die spätmittelalterliche Stadt und ist die älteste erhaltene Ansicht von Stockholm. In der seit 1527 evangelisch-lutherischen Storkyrkan finden neben Messen auch Konzerte statt *(siehe S. 40)*.

Prächtiges Hauptschiff der Storkyrkan

5 Stortorget

Karte M5

Der Platz im Zentrum von Gamla stan ist der älteste in Stockholm und war Schauplatz des Blutbads von 1520 *(siehe S. 38)*. Im Gegensatz zu den Hauptplätzen anderer europäischer Städte hat er keinerlei repräsentativen Charakter: Der Platz fällt nach Westen ab, die aus dem 17. und 18. Jahrhundert stammende Bebauung wirkt beliebig. Das 1776 im Stil des französischen Rokoko erbaute Börshuset, die einstige Börse, birgt heute das Nobel Prize Museum *(siehe S. 88)*. Die Deckenbalken aus den 1640er Jahren an Hausnummer 5 sind mit Tieren, Blumen und Früchten bemalt.

Stadterneuerung in Slussen

Ein wichtiger Verkehrsknotenpunkt Stockholms befindet sich im Wandel. Das Gebiet um Slussen – die Schleuse zwischen Ostsee und Mälaren, die Gamla stan und Södermalm verbindet – wird umgestaltet, um den Verkehrsfluss zu verbessern und einen neuen Park sowie Gebäude zu schaffen. Die Bauarbeiten werden voraussichtlich bis 2030 dauern.

6 Moderna museet

Karte P4 ■ Exercisplan 4 ■ +46 8 5202 3500 ■ Di–So 10–18 Uhr (Di & Fr bis 20 Uhr) ■ www.modernamuseet.se

Das Museum auf Skeppsholmen zeigt Kunst des 20. Jahrhunderts, u. a. von Pablo Picasso, Salvador Dalí, Henri Matisse und Giorgio de Chirico. Es beherbergt ca. 5000 Gemälde, Skulpturen, Installationen, Zeichnungen, Grafiken und Fotografien. Zudem sind Arbeiten von schwedischen und internationalen Künstlern unserer Zeit zu sehen. Zum Haus gehören ein Kinderatelier, ein Laden und ein Restaurant mit schöner Aussicht auf Djurgården und Strandvägen *(siehe S. 43)*.

7 Kastellholmen

Karte Q6

Das südlich von Skeppsholmen gelegene Kastellholmen ist Teil des Kungliga Nationalstadsparken. Von den Granitfelsen, die sich perfekt für ein Picknick eignen, eröffnet sich ein schöner Blick auf vorbeifahrende Boote und die 1848 erbaute Zitadelle der Insel, das Kastellet.

Kastellet, Kastellholmen

Die *Af Chapman* vor Skeppsholmen

8 Küstenspaziergang auf Skeppsholmen

Karte P4

Dieser Spaziergang ist zu jeder Jahreszeit reizvoll. Wenn man nach dem Überqueren der Skeppsholmsbron links abbiegt, führt der Weg erst durch ein kleines Tor und dann am Ufer entlang zum Kai Östra Brobänken. Von der Südostspitze der Insel können Sie mit der Fähre nach Djurgården übersetzen oder auf dem Rundweg am Hostel-Schiff *Af Chapman (siehe S. 117)* vorbeischlendern.

9 Weihnachtsmarkt

Karte M5 ■ Stortorget ■ Ende Nov – 23. Dez: tägl. 11–18 Uhr

Im Winter besitzt Stockholm eine märchenhafte Atmosphäre. Der Weihnachtsmarkt auf dem Stortorget ist besonders stimmungsvoll. In kleinen Buden werden Kerzen und Kunsthandwerk, Textilien und Weihnachtsschmuck verkauft. Neben dem typischen Weihnachtsgetränk *julmost* und wärmendem *glögg* (Glühwein) sind Delikatessen aus ganz Schweden erhältlich.

10 Straßen in Gamla stan

Karte M5

Die Västerlånggatan, Hauptstraße der Altstadt, säumen zahlreiche Läden. An ihrem südlichen Ende zweigt mit der Mårten Trotzigs gränd die schmalste Gasse Stockholms ab. Die ruhigere Österlånggatan bietet Restaurants und einzigartige Läden, während in der Köpmangatan eine Reihe Cafés und Bars zum Entspannen einlädt.

Spaziergang

Vormittags

Vom Stockholmer Hauptbahnhof fährt der Bus Nr. 65 direkt nach **Skeppsholmen**, wo erst einmal das **Moderna museet** auf einen Besuch wartet. Die herausragende Sammlung von Kunst des 20. Jahrhunderts ist täglich außer montags zu besichtigen. Nach einer Pause im nahen **Café Blom** *(siehe S. 90)* überqueren Sie die **Skeppsholmsbron** für einen Spaziergang, der an den Fähren vorbei zum **Nationalmuseum** und zum **Grand Hôtel** *(siehe S. 112)* führt. Über die **Strömbron** gelangen Sie nach Gamla stan und zum **Kungliga slottet**. Nach dessen Besichtigung bummeln Sie über die kopfsteingepflasterte **Slottsbacken** zur **Österlånggatan**, wo Sie sich im traditionellen Kellerrestaurant **Magnus Ladulås** *(siehe S. 91)* mit einem dreigängigen Menü stärken können.

Nachmittags

Spazieren Sie durch die hübschen schmalen Straßen rund um die Köpmangatan bis zum **Stortorget**, dem Hauptplatz der Altstadt. Genießen Sie eine heiße Schokolade im **Chokladkoppen** *(siehe S. 90)*. Folgen Sie dann der nachmittags weniger überfüllten Västerlånggatan Richtung Süden und stöbern Sie in den Läden, die diesen Straßenabschnitt säumen. Am östlichen Ende der Västerlånggatan stoßen Sie auf die Mårten Trotzigs gränd, die engste Gasse der Altstadt. Zum Ausklang des Tages locken dann Cocktails und Snacks in der beliebten Bar **Pharmarium** *(siehe S. 90)*

Siehe Karte S. 84f

Dies & Das

Architekturmodelle aus verschiedenen Epochen bei ArkDes

1 ArkDes

Karte P5 ■ Exercisplan 4, Skeppsholmen ■ +46 8 5202 3500 ■ Di & Fr 10–20 Uhr, Mi & Do 10–18 Uhr, Sa & So 11–18 Uhr ■ Eintritt ■ www.arkdes.se

Das Museum widmet sich der Architektur- und Designgeschichte Schwedens.

2 Evert Taubes terrass

Karte L5 ■ Riddarholmen

Die Statue des Dichters und Sängers Evert Taube (1890–1976) steht auf der Terrasse unterhalb des Wrangelska palatset mit Blick auf den Riddarfjärden.

3 Tyska kyrkan

Karte M5 ■ Svartmangatan 16 ■ +46 8 411 1188 ■ Juni–Aug: tägl. 10.30–16.30 Uhr; Sep–Mai: Fr & Sa 11–15 Uhr, So 12.30–16 Uhr ■ Eintritt

Johann III. gestattete 1571 den Bau der »Deutschen Kirche« *(siehe S. 40)*.

4 Story Tours

Karte M5 ■ +46 70 490 6269 ■ Eintritt ■ www.storytours.eu

Die Rundgänge führen durch die Altstadt von Stockholm.

5 Nobel Prize Museum

Karte M5 ■ Stortorget ■ +46 8 5348 1800 ■ Di–So 10–17 Uhr (Fr bis 21 Uhr) ■ Eintritt ■ www.nobelprizemuseum.se

Das Museum informiert über die Geschichte des Nobelpreises und die Ideen und Arbeiten der Preisträger.

6 Livrustkammaren

Karte M4 ■ Slottsbacken 3 ■ +46 8 402 3030 ■ Di–So 11–17 Uhr (Do bis 20 Uhr) ■ Eintritt ■ www.livrustkammaren.se

Die Rüstkammer im Kungliga Slottet birgt royale Stücke *(siehe S. 59)*.

7 Forum för levande historia

Karte M5 ■ Stora Nygatan 10 ■ +46 8 723 8750 ■ Mo–Fr 12–17 Uhr, Sa 12–16 Uhr ■ www.levandehistoria.se

Das Forum, das auch Ausstellungen präsentiert, wirbt für Demokratie, Toleranz und Menschenrechte.

8 Postmuseum

Karte M5 ■ Lilla Nygatan 6 ■ +46 10 436 4439 ■ Di–So 11–16 Uhr ■ Eintritt ■ www.postmuseum.se

Besucher erhalten Einblick in die Geschichte der schwedischen Post.

9 Jarnpojke

Karte E4 ■ Bollhustäppan

Die 15 Zentimeter hohe Statue bei der Finska kyrkan zeigt einen den Mond betrachtenden Jungen. Diesem ein Geschenk dazulassen, soll Glück bringen.

10 Östasiatiska museet

Karte P4 ■ Tyghusplan, Skeppsholmen ■ +46 10 456 1297 ■ Di 11–20 Uhr, Mi–So 11–17 Uhr ■ www.ostasiatiska.se

Die interessanten Exponate stammen aus dem Fernen Osten.

Shopping

1 Gudrun Sjödén

Karte M5 ■ Stora Nygatan 33 ■ +46 8 235 555 ■ Mo–Fr 10–18 Uhr, Sa 10–16 Uhr, So 12–16 Uhr

Die Designerin Gudrun Sjödén entwirft seit den 1970er Jahren Mode skandinavischen Stils für Frauen.

2 Iris Hantverk

Karte M5 ■ Västerlånggatan 24 ■ +46 8 698 0973 ■ Mo–Fr 10–18 Uhr, Sa 11–16 Uhr, So 12–16 Uhr

Die schönen Bürsten des Ladens werden von sehbehinderten Handwerkern in einem im 19. Jahrhundert gegründeten Betrieb gefertigt.

3 Earth N More

Karte M5 ■ Stora Nygatan 14 ■ +46 8 641 0210 ■ Mo–Fr 11–18 Uhr, Sa 11–16 Uhr

In dem Laden wird ausschließlich Mode verkauft, die »Design, Funktion und Umweltfreundlichkeit in reizvoller Weise verbindet«.

Florale Muster bei Earth N More

4 Blå Gungan

Karte M5 ■ Österlånggatan 16 ■ +46 8 202 373 ■ Mo–Fr 11–18 Uhr, Sa 11–16 Uhr, So sporadisch

Einrichtungsobjekte, Accessoires und mehr – alles stammt überwiegend von schwedischen Designern.

5 Hilda Hilda

Karte M5 ■ Österlånggatan 21 ■ +46 8 641 3680 ■ Mo–Sa 11–18 Uhr, So 11–17 Uhr

Der 1995 gegründete Laden führt hübsche Heimtextilien und Accessoires, wofür umweltfreundliches Garn nach traditioneller Art in Schweden gewebt wurde.

6 Rain Store by Stutterheim

Karte M5 ■ Västerlånggatan 40 ■ +46 8 4081 0398 ■ tägl. 11–18 Uhr

Designer Alexander Stutterheim beweist, dass Regenkleidung nicht nur praktisch, sondern auch schick sein kann. Die farbenfrohen Jacken und Accessoires werden allesamt in Schweden handgefertigt.

7 Krabat

Karte M5 ■ Stora Nygatan 21 ■ +46 8 21 4924 ■ Mo–Fr 10–18 Uhr, Sa 10–16 Uhr, So 11–16 Uhr

Hier wird langlebiges klassisches Spielzeug nach eigenem Design und aus eigener Herstellung verkauft, es gibt aber auch andere Marken. Das Angebot reicht von Puppen über Autos bis zu netten Kostümen.

8 SF Bokhandeln

Karte M5 ■ Västerlånggatan 48 ■ +46 8 215 052 ■ Mo–Fr 10–19 Uhr, Sa 10–18 Uhr, So 12–17 Uhr

Der auf Science-Fiction spezialisierte Buchladen führt nicht nur Literatur, sondern auch Filme, Spiele und Zeitschriften, vieles davon in englischer Sprache.

9 Edblad

Karte M5 ■ Västerlånggatan 36 ■ +46 8 5199 0092 ■ Mo–Fr 10–18 Uhr, Sa 10–17 Uhr, So 11–16 Uhr

Hans und Cathrine Edblad kreieren Schmuck und Accessoires. Die Entwürfe entstehen in ihrem Atelier in Stockholm, angefertigt werden die Stücke jedoch meist in China.

10 Made in Stockholm

Karte M5 ■ Västerlånggatan 58 ■ +46 8 411 4607 ■ Mi–Fr 11–18 Uhr, Sa 11–17 Uhr, So 11–16 Uhr

Der Laden bietet Glaswaren, Keramik, Silberschmuck und anderes Kunsthandwerk aus der Region.

Siehe Karte S. 84f

Cafés, Kneipen & Bars

1 Corner Club

Karte M5 ■ Lilla Nygatan 16 ■ +46 8 208 583 ■ Mi–Sa 17–24 Uhr

Die Stockholmer lieben die Bar für ihre eindrucksvolle Cocktailkarte. Wer Hunger hat, geht nach unten ins Schwesterlokal The Flying Elk.

2 Wirströms Pub

Karte M5 ■ Stora Nygatan 13 ■ +46 8 212 874 ■ Mo 14–24 Uhr, Di–Do 14–1 Uhr, Fr & So 12–1 Uhr, Sa 11–1 Uhr

Das Pub ist bei Studierenden, Urlaubern und Anwohnern beliebt.

3 Stampen

Karte M5 ■ Stora Nygatan 5 ■ +46 8 205 793 ■ Di–So 17–1 Uhr (Sa ab 14 Uhr)

In der 1968 eröffneten Jazz- und Bluesbar sorgt fast jeden Abend Livemusik für tolle Unterhaltung.

4 Ardbeg Embassy

Karte M5 ■ Västerlånggatan 68 ■ +46 8 791 9090 ■ tägl. 12–22 Uhr (Mi & Do bis 23 Uhr, Fr & Sa bis 24 Uhr)

Die Whisky-Bar hat auch eine gute Auswahl an Bieren aus schwedischen Mikrobrauereien zu bieten. Außerdem kann man hier hervorragend, wenn auch nicht billig, essen.

5 Pharmarium

Karte M5 ■ Stortorget 7 ■ +46 8 20 08 10 ■ tägl. 16.30–23 Uhr (Mi & Do bis 24 Uhr, Fr & Sa bis 1 Uhr)

Was einst Schwedens älteste Apotheke war, ist heute eine angesagte Bar, die ihren Gästen Cocktails und Snacks serviert.

6 Lydmar Hotel Bar

Karte N4 ■ Södra Blasieholmshamnen 2 ■ +46 8 223 160 ■ tägl. 11–1 Uhr

Die Drinks in der eleganten Hotelbar sind einfach exzellent.

7 Caffellini

Karte M5 ■ Västerlånggatan 67 ■ +46 70 676 6016 ■ Mo–Fr 8–16 Uhr, Sa 10–18 Uhr

In dem kleinen Café genießt man vorzüglichen Espresso.

8 Chokladkoppen

Karte M5 ■ Stortorget 18 ■ +46 8 203 170 ■ tägl. 10–22 Uhr (Sommer ab 9 Uhr)

Das bei der LGBTQ+ Community überaus beliebte Café lockt u. a. mit himmlischer heißer Schokolade *(siehe S. 53)*.

9 Café Blom

Karte P4 ■ Exercisplan 4, Skeppsholmen ■ +46 8 5275 4650 ■ Di & Fr 11–19.30 Uhr, Mi, Do, Sa & So 11–17.30 Uhr

Das Café nahe ArkDes und Moderna museet serviert leckeres Gebäck und Snacks – auch auf einer überdachten Terrasse im Picassoparken.

10 Cadier Bar

Karte N4 ■ Södra Blaiseholmshamnen 8 ■ +46 8 679 3585 ■ Mo–Fr 7–2 Uhr, Sa 8–2 Uhr, So 8–1 Uhr

Genießen Sie Frühstück, Brunch, Nachmittagstee oder Cocktails in der edlen Bar des Grand Hôtel.

Die mondäne Cadier Bar im Grand Hôtel

Restaurants

Preiskategorien
Preis für ein Drei-Gänge-Menü pro Person mit einer halben Flasche Wein, inkl. Steuern und Service.

Ⓚ unter 700 Kr ⓀⓀ 700–1000 Kr
ⓀⓀⓀ über 1000 Kr

1 Tradition

Karte N5 ▪ Österlånggatan 1 ▪ +46 8 203 525 ▪ Mo–Fr 11.30–23 Uhr, Sa & So 12–23 Uhr ▪ ⓀⓀ

Das Restaurant überzeugt mit klassisch schwedischer Küche.

2 Matbaren

Karte N4 ▪ Södra Blaiseholmshamnen 6 ▪ +46 8 679 3584 ▪ Mo–Sa 18–24 Uhr, Mi–Fr auch 12–13.30 Uhr ▪ ⓀⓀ

Ein Stern ziert Mathias Dahlgrens Bistro im Grand Hôtel, das saisonale Küche bietet *(siehe S. 54)*.

3 B.A.R.

Karte N3 ▪ Blasieholmsgatan 4a ▪ +46 8 611 5335 ▪ Di–Sa 17–22 Uhr (Do & Fr ab 12 Uhr) ▪ ⓀⓀ

Mit dem Tagesgericht vom Grill liegt man in diesem exzellenten Seafood-Lokal nie falsch.

4 The Flying Elk

Karte D4 ▪ Mälartorget 15 ▪ +46 8 208 583 ▪ Mi–Sa 16–23 Uhr ▪ ⓀⓀ

Björn Frantzéns Lokal verbindet schwedische Kochtradition mit britischer Pubkultur *(siehe S. 50)*.

5 Bistro Pastis

Karte M5 ▪ Baggensgatan 12 ▪ +46 8 202 018 ▪ Mo–Mi 16–22 Uhr, Do & Fr 11.30–15.30 Uhr & 17–23 Uhr, Sa & So 12–23 Uhr ▪ ⓀⓀ

Das französische Bistro ist gemütlich und überaus beliebt.

6 Djuret

Karte M5 ▪ Lilla Nygatan 5 ▪ +46 8 5064 0084 ▪ Di–Sa 17.30–24 Uhr ▪ ⓀⓀ

Wie der Name »das Tier« andeutet, gibt es hier vorwiegend Fleisch.

7 Långa Raden

Karte P5 ▪ Gröna gången 1 ▪ +46 8 407 2305 ▪ Mo–Fr 11.30–21 Uhr, Sa & So 12–21 Uhr ▪ ⓀⓀⓀ

Das Restaurant im Hotel Skeppsholmen *(siehe S. 113)* bietet moderne schwedische Küche.

Elegantes Ambiente im Långa Raden

8 Flickan

Karte D4 ▪ Yxsmedsgränd 12 ▪ +46 8 5064 0080 ▪ Mi–Sa 17–23 Uhr ▪ ⓀⓀⓀ

In dem Restaurant kann man exquisite Küche in Vollendung erleben – nach Rezepten aus aller Welt.

9 Den Gyldene Freden

Karte N5 ▪ Österlånggatan 51 ▪ +46 8 249 760 ▪ Mo–Fr 11.30–24 Uhr, Sa 13–24 Uhr ▪ ⓀⓀ

Das traditionsreiche, seit 1722 bestehende Restaurant der Schwedischen Akademie verströmt reizvoll altmodisches Flair.

10 Magnus Ladulås

Karte N5 ▪ Österlånggatan 26 ▪ +46 8 211 957 ▪ Mo–Do 11–22 Uhr, Fr 11–23 Uhr, Sa 12–23 Uhr ▪ Ⓚ

In diesem gemütlichen Kellerrestaurant im Herzen der Altstadt sind die dreigängigen Menüs besonders zu empfehlen.

Siehe Karte S. 84f

TOP 10 Södermalm

Lek (1935) von Bror Hjorth am Nytorget, SoFo

Ins einstige Arbeiterviertel Södermalm wurde nach der Jahrtausendwende viel investiert und es hat sich in einen schicken Stadtteil verwandelt – vom trendigen SoFo im Osten bis zum hippen Hornstull im Westen der Insel. »Söder« verfügt über erschwingliche Restaurants, nette Cafés, tolle Läden, ein pulsierendes Nachtleben und viele grüne Oasen. Von hier bieten sich schöne Ansichten von Stockholm – vor allem der Blick vom Monteliusvägen über den Mälaren zum Stadshuset ist großartig. Zu den vielen Museen im Viertel zählt auch das renommierte Fotografiska.

1 **TOP10-Attraktionen** *siehe S. 93–95*

1 **Restaurants** *siehe S. 97*

1 **Cafés, Kneipen & Bars** *siehe S. 96*

Quirliger Medborgarplatsen

1 Medborgarplatsen
Karte D5

Der »Bürgerplatz« ist Zentrum zahlreicher kommunaler Aktivitäten. Im Sommer laden Biergärten und Straßencafés zum Verweilen ein, im Winter lockt eine Eislaufbahn. Auf dem Platz beginnen jedes Jahr die Feierlichkeiten zum 1. Mai *(siehe S. 61)*. Am Medborgarplatsen befindet sich auch das Shoppingcenter Saluhall mit Läden, Bars, Restaurants und einem Kino.

2 Långholmen
Karte A4

Viele Stockholmer besuchen die Insel zum Spazierengehen, Picknicken und Schwimmen. Von 1880 bis 1975 war sie Standort des größten Gefängnisses im Land. 1910 wurde hier die letzte Hinrichtung in Schweden vollstreckt. Inzwischen dient die Haftanstalt als Hotel und Jugendherberge *(siehe S. 116)* und Långholmen lockt mit Stränden und Open-Air-Bühnen. Das Ostufer mit der alten Schiffswerft Mälarvarvet bietet Blick auf Gamla stan.

3 SoFo
Karte D6 ■ www.sofo-stockholm.se

Der Name, die Abkürzung für »South of Folkungagatan«, ist eine Anspielung auf den New Yorker Stadtteil SoHo. Das Viertel prägen originelle Läden mit einem Angebot von Kleidung und Schmuck über Wohndesign und Haushaltswaren bis zu Musik, SoFo bietet aber auch eine blühende Gastroszene. Bei der SoFo Night am letzten Donnerstag im Monat bleiben viele Läden bis spätnachts geöffnet und locken mit Sonderangeboten

4 Monteliusvägen
Karte L6

Der 1998 angelegte, rund 500 Meter lange Fußweg verläuft an einem Hang des Ivar Los park. Er wird an einer Seite von alten Häusern gesäumt und bietet herrlichen Blick über den Mälaren auf Stadshuset, Gamla stan und Riddarholmen. Um die bei Sonnenaufgang und Sonnenuntergang besonders reizvolle Aussicht genießen zu können, stehen Bänke und Picknicktische bereit. Im Winter ist der Weg bisweilen recht glatt. An der Blecktornsgränd, die im Osten zum Mariatorget führt, finden sich gemütliche Cafés.

Kanuten vor Långholmen

Stieg Larssons Stockholm

Durch die *Millennium*-Trilogie von Stieg Larsson (1954 – 2004) wurde Södermalm international bekannt, durch die Hollywood-Verfilmung von *Verblendung* (2011) weltweit berühmt. Einige Szenen wurden in dem Viertel gedreht – die »Millennium Tour« des Stadsmuseet führt zu all den Schauplätzen und zur Mellqvist Kaffebar *(siehe S. 53)*, Larssons Lieblingscafé.

5 Fotografiska

Karte E5 ■ Stadsgårdshamnen 22 ■ +46 8 5090 0500 ■ tägl. 10 – 23 Uhr ■ Eintritt ■ www.fotografiska.com/sto

Das 2010 eröffnete Zentrum für zeitgenössische Fotografie besitzt zahlreiche Werke berühmter Fotografen. Das 1906 am Wasser errichtete Backsteingebäude, einst ein Zollhaus, beheimatet auch ein Bistro, ein Café und eine Bar.

Historisches Gebäude des Fotografiska

6 Persikan

Karte F6

Das von der Stadt Stockholm 2019 initiierte Großprojekt Persikan soll das unscheinbare Areal unter dem SL-Busdepot in ein Vorzeigeprojekt für modernes urbanes Leben verwandeln. Es geht darum, ungenutzte städtische Flächen auf nachhaltige Weise zu entwickeln – etwas, was Schweden hervorragend beherrscht. So entstehen hier zehn durch gemeinschaftliche Grünflächen verbundene Wohngebäude. Die Bauarbeiten sind in vollem Gange und sollen 2025 abgeschlossen sein.

Grün und beschaulich: Mariatorget

7 Mariatorget

Karte C5

Der schöne Platz mit Brunnen ist ganzjährig ein beliebter Treffpunkt. Im Sommer lockt er die Sonnenanbeter an, bei Erkundungstouren empfiehlt er sich für eine Rast. In der Südwestecke steht die methodistische Kirche Sankt Paulskyrkan von 1876. Am Mariatorget und in den umliegenden Straßen Sankt Paulsgatan, Krukmakargatan und Swedenborgsgatan kann man prima shoppen und gut essen gehen.

8 Mosebacke & Mosebacke torg

Karte D5

Dank der Konzerte und Theateraufführungen im Södra Teatern mit der dazugehörigen Bar hat sich die Gegend zu einem kulturellen Zentrum entwickelt. Bei schönem Wetter ist die große Terrasse der Södra Bar jeden Abend gut besucht. Am ruhigeren Mosebacke torg bietet im Sommer ein Café Zimtschnecken.

9 Skånegatan

Karte D6

Die Skånegatan ist die Lebensader von SoFo und eine der angesagtesten Straßen von Stockholm. Sie wird von Designläden und alternativen Lokalen wie der Bar Agrikultur und der Snotty Sound Bar *(siehe S. 96)* gesäumt. Familien zieht es tagsüber in das Areal rund um den Nytorget.

Im Vitabergsparken gibt es im Sommer Konzerte und Tanzveranstaltungen. Die Bars und Restaurants der Gegend sind immer gut besucht.

10 Tantolunden

Karte B6

In dem Park am Ufer der Bucht Årstaviken trifft man sich im Winter zum Schlittenfahren und im Sommer zum Schwimmen und Picknicken. An schönen Wochenenden herrscht hier reger Betrieb. Die Grünanlage umfasst einen Spielplatz, einen Golfplatz, Beachvolleyballplätze und Cafés. Sie dient zudem als Veranstaltungsort für Festivals, u. a. für die alljährliche Stockholm Pride *(siehe S. 60)*. Abseits des Hauptgeschehens führt ein Spaziergang den Hügel hinauf zu gepflegten Schrebergärten. Das Hotel Zinkensdamm *(siehe S. 116)* befindet sich ebenfalls in diesem Park.

Idyllischer Tantolunden

Spaziergang

Vormittags

Beginnen Sie den Tag mit einem Frühstück in der **Mellqvist Kaffebar** *(siehe S. 96)*, bevor Sie der Torkel Knutssonsgatan zum malerischen **Monteliusvägen** und diesem Richtung Slussen folgen. Genießen Sie den Blick über den Mälaren und spazieren Sie weiter zur Hornsgatan und der **Maria Magdalena kyrka** *(siehe S. 41)*. Wie ein Kran ragt über Slussen der nicht mehr betriebene Freiluftaufzug Katarinahissen auf. Oben serviert das Restaurant **Gondolen** *(siehe S. 97)* zur einzigartigen Aussicht hervorragende Mittagsmenüs.

Nachmittags

Vom Gondolen ist es nicht weit zum malerischen **Mosebacke**. Bei schönem Wetter kann man auf dem hübschen Platz wunderbar rasten oder ein wenig flanieren. Von dort geht es die Östgötagatan hinunter. Ein lohnender kleiner Umweg führt zur **Katarina kyrka** *(siehe S. 41)*. Überqueren Sie die Folkungagatan, um in **SoFo** einen Bummel durch reizvolle Designerläden wie **Swedish Hasbeens** *(siehe S. 56)* zu machen. In Richtung Norden gelangen Sie über die Renstiernas gata und die Söderbergs trappor zum Museum **Fotografiska** an der Stadsgårdshamnen. Das Museum präsentiert regelmäßig erstklassige Ausstellungen. Zurück in der Skånegatan können Sie zum Abendessen im **Nytorget Urban Deli** *(siehe S. 97)* einkehren und anschließend den einen oder anderen Drink in der **Snotty Sound Bar** *(siehe S. 96)* genießen.

Siehe Karte S. 92

Cafés, Kneipen & Bars

1 Greasy Spoon

Karte E5 ▪ Tjärhovsgatan 19 ▪ Mo–Fr 8–16 Uhr, Sa & So 9–17 Uhr

In dem beliebten Café genießt man Brunch britischer Art – mit Klassikern wie Eggs Benedict und dergleichen *(siehe S. 53)*.

2 Morfar Ginko & Pappa Ray Ray

Karte C5 ▪ Swedenborgsgatan 13 ▪ +46 8 641 1340 ▪ Mo–Sa 17–1 Uhr (Fr ab 16 Uhr)

Im Sommer werden im hübschen Hinterhof oder an Tischen an der Straße Snacks und ganze Mahlzeiten serviert *(siehe S. 50)*.

3 Café & Bageri Pascal

Karte D6 ▪ Skånegatan 76 ▪ +46 8 316 110 ▪ Mo–Fr 7–18 Uhr, Sa & So 8–17 Uhr

Das Café wurde von drei Geschwistern mit der gleichen Leidenschaft für exzellenten Kaffee eröffnet. Es ist auch für seine hervorragenden Sandwiches bekannt.

4 Häktet

Karte C5 ▪ Hornsgatan 82 ▪ +46 8 845 910 ▪ Mo & Di 17–24 Uhr, Mi & Do 17–3 Uhr, Fr 11–3 Uhr, Sa 15–3 Uhr

Die Bar in einem ehemaligen Gefängnis bietet gutes Essen, Bier, Wein und Cocktails *(siehe S. 51)*.

5 Akkurat

Karte D5 ▪ Hornsgatan 18 ▪ +46 8 644 0015 ▪ Mo & Di 16–23 Uhr, Mi 17–24 Uhr, Do 16–24 Uhr, Fr 15–1 Uhr, Sa 13–1 Uhr, So 15–22 Uhr

Wer schwedisches Craftbeer probieren möchte, ist in dieser schönen Bar goldrichtig *(siehe S. 51)*.

6 Mellqvist Kaffebar

Karte C5 ▪ Hornsgatan 78 ▪ +46 7 6875 2992 ▪ Mo & So 6–20 Uhr, Di–Sa 6–22 Uhr

Das für hervorragenden Kaffee bekannte Lokal serviert auch gutes Frühstück *(siehe S. 53)*.

Altmodischer Tresen im Kvarnen

7 Kvarnen

Karte D5 ▪ Tjärhovsgatan 4 ▪ +46 8 643 0380 ▪ Mo & Di 11–1 Uhr, Mi–Sa 11–3 Uhr, So 12–23 Uhr

Das traditionelle Bierlokal verwandelt sich am Wochenende in einen Club *(siehe S. 50f)*.

8 Babylon

Karte D5 ▪ Björns Trädgårdsgränd ▪ +46 8 640 8083 ▪ Mo–Fr 11–24 Uhr

Die lange schmale Bar liegt etwas versteckt in einem Park gegenüber dem geschäftigen Medborgarplatsen und ist zu jeder Tages- und Jahreszeit einen Besuch wert.

9 Snotty Sound Bar

Karte D6 ▪ Skånegatan 90 ▪ +46 8 644 3910 ▪ tägl. 16–1 Uhr

Anders als die meisten Bars im Zentrum präsentiert sich diese bewusst nicht schick und elegant. Passend zur Musik zieren die Wände Bilder von Punk- und New-Wave-Ikonen. Am Wochenende ist die kleine Bar schnell rappelvoll *(siehe S. 50)*.

10 Johan & Nyström

Karte C5 ▪ Swedenborgsgatan 7 ▪ +46 8 5302 2440 ▪ Mo–Fr 8–18 Uhr, Sa & So 9–18 Uhr

Der Concept Store der Rösterei verkauft und serviert nachhaltigen, fair gehandelten Kaffee und ist ein Muss für Kaffeeliebhaber *(siehe S. 52)*.

→ Siehe Karte S. 92

Restaurants

Preiskategorien
Preis für ein Drei-Gänge-Menü pro Person mit einer halben Flasche Wein, inkl. Steuern und Service.

Ⓚ unter 700 K — ⓀⓀ 700–1000 Kr
ⓀⓀⓀ über 1000 Kr

① Calexico's

Karte A5 ▪ Hornstulls strand 4 ▪ +46 8 658 6350 ▪ Di–Do 17–23 Uhr, Fr & Sa 17–1 Uhr, So 11–16 Uhr ▪ Ⓚ

Die kalifornisch-mexikanische Fusionsküche und die Cocktails sind exzellent *(siehe S. 54)*.

② Meatballs for the People

Karte D5 ▪ Nytorgsgatan 30 ▪ +46 8 466 6099 ▪ tägl. 11–23 Uhr (Fr & Sa bis 24 Uhr) ▪ Ⓚ

Einfach großartig, auf wie viele Arten man *Köttbullar* zubereiten kann *(siehe S. 55)*.

③ Nytorget Urban Deli

Karte E6 ▪ Nytorget 4 ▪ +46 8 5990 9180 ▪ tägl. 8–23 Uhr (Fr & Sa bis 1 Uhr) ▪ ⓀⓀ

Das Lokal mit Bar und Feinkostladen verströmt New Yorker Flair *(siehe S. 54)*.

④ Vina

Karte E6 ▪ Sofiagatan 1 ▪ +46 70 406 6626 ▪ Di–Do 17–22 Uhr, Fr 16–23 Uhr, Sa 14–23 Uhr ▪ ⓀⓀ

Auf der Karte stehen Tapas, saisonale Gerichte und Bio-Weine.

⑤ Gondolen

Karte D5 ▪ Stadsgården 6 ▪ +46 8 641 7090 ▪ Mo–Fr 11.30–1 Uhr, Sa & So 12–1 Uhr) ▪ ⓀⓀⓀ

Das Gondolen bietet zu grandioser Aussicht erstklassige Mittagsmenüs.

⑥ Tjoget

Karte A5 ▪ Hornsbruksgatan 24 ▪ +46 8 220 021 ▪ Mo–Do 16–1 Uhr, Fr 16–3 Uhr, Sa 12–3 Uhr, So 12–1 Uhr ▪ ⓀⓀ

Das Restaurant mit Bar ist ein beliebter Treffpunkt nach Feierabend. Auch spätabends ist das Lokal im Szeneviertel Hornstull immer gut besucht.

⑦ Punk Royale

Karte E5 ▪ Folkungagatan 128 ▪ Di–Fr 17.30–24 Uhr, Sa 15–24 Uhr (nur mit Reservierung unter www.punkroyale.se) ▪ ⓀⓀⓀ

Der Newcomer der Stockholmer Restaurantszene erweitert das Repertoire mit kreativen Gerichten in lebhafter Atmosphäre *(siehe S. 55)*.

⑧ Deli Di Luca

Karte E5 ▪ Folkungagatan 110 ▪ +46 8 644 0420 ▪ Mo & Di 11–22 Uhr, Mi–Fr 11–23 Uhr, Sa 12–23 Uhr ▪ Ⓚ

Die italienischen Gerichte mit nordischem Touch gibt es auch zum Mitnehmen.

⑨ Hermans

Karte E5 ▪ Fjällgatan 23b ▪ +46 8 643 9480 ▪ tägl. 11–22 Uhr ▪ Ⓚ

Das Lokal feiert die vegetarische Küche in ihrer ganzen Vielfalt.

⑩ Pelikan

Karte D6 ▪ Blekingegatan 40 ▪ +46 8 5560 9090 ▪ Mo–Do 17–24 Uhr, Fr & Sa 13–1 Uhr, So 13–23 Uhr ▪ Ⓚ

In der traditionellen Bierhalle aus dem 17. Jahrhundert genießt man klassische schwedische Küche.

Historisches Ambiente im Pelikan

TOP 10 Abstecher

In Stockholms Umgebung liegen viele spannende Orte, die mit dem ÖPNV gut zu erreichen sind. Mit SL-Zeitkarte ist man im Süden bis Nynäshamn und im Norden über Norrtälje hinaus günstig unterwegs. Zum Nationalpark Tyresö fahren Busse, Uppsala lohnt einen Ausflug mit dem Zug. Und Stockholms Skärgård ist mehr als einen Tagesausflug wert.

Reizendes Uppsala

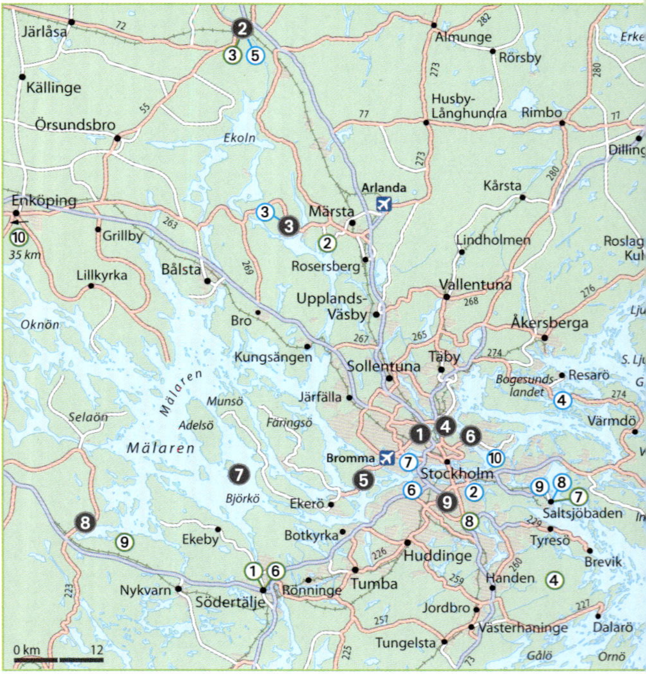

1 Hagaparken

In dem Park wechseln sich Rasenflächen mit Gehölzen ab. Die verschlungenen, von Bäumen gesäumten Spazierwege führen an Pavillons und romantischen Ruinen vorbei. Der Hagaparken am Nordrand Stockholms ist per Bus erreichbar *(siehe S. 34f)*.

2 Uppsala

Die viertgrößte Stadt Schwedens ist Sitz einer 1477 gegründeten Universität und besitzt einen prächtigen Dom. Von Stockholm fahren Züge in knapp einer Stunde in die malerische Stadt *(siehe S. 101)*.

3 Sigtuna

Schwedens älteste Stadt wurde 980 gegründet. Sie birgt niedrige Holzhäuser, viele Cafés, interessante Kunsthandwerksläden, ein reizendes Museum und die Ruinen der Kirchen Sankt Olof und Sankt Per. Von Stockholm nimmt man den Vorortzug bis Märsta, dann folgt eine kurze Busfahrt. Im Sommer fahren Boote von Stockholm über den Mälaren nach Sigtuna.

Ruinen von Sankt Olof, Sigtuna

4 Naturhistoriska riksmuseet

Karte C1 ■ Frescativägen 40 ■ +46 8 5195 4000 ■ Di–Fr 11–17 Uhr, Sa, So & Feiertage (auch Mo) 10–18 Uhr ■ Eintritt ■ www.nrm.se

Das naturgeschichtliche Museum widmet sich mit unterhaltsamen interaktiven Exponaten den Naturwissenschaften. Die Themen reichen vom Ursprung des Lebens bis zu Bodenschätzen und Polarexpeditionen. Im IMAX-Kino Cosmonova erlebt man Abenteuer mit Dinosauriern oder im Weltraum *(siehe S. 49)*.

Exponat im Naturhistoriska riksmuseet

Schloss Drottningholm

Carl Milles

Schwedens vielleicht berühmtester Bildhauer Carl Milles (1875–1955) lebte als Assistent von Auguste Rodin in Paris wie auch über 20 Jahre lang in den USA – dort stehen seine Skulpturen in vielen bedeutenden öffentlichen Gebäuden. Milles und seine Frau Olga kauften das Haus am Millesgården im Jahr 1906, die weitläufigen Terrassen legten sie in den folgenden 50 Jahren an.

5 Schloss Drottningholm

Ein wunderschöner Tagesausflug führt zur UNESCO-Welterbestätte Schloss Drottningholm. Das Gebäude aus dem 17. Jahrhundert ist Wohnsitz der königlichen Familie *(siehe S. 24f)*.

6 Millesgården Museum

Herserudsvägen 32, Lidingö ▪ +46 8 446 7590 ▪ Di–So 11–17 Uhr ▪ Eintritt ▪ www.millesgarden.se

In dem Park in Uferlage stehen Skulpturen des Bildhauers Carl Milles auf Terrassen unterhalb des einstigen Wohnhauses des Künstlers. 1936 stifteten Carl Milles und seine Frau Olga Millesgården dem schwedischen Staat. Auf dem Anwesen werden streng limitierte Abgüsse der Kunstwerke verkauft. Die Tram ab Ropsten führt zum Park.

7 Birka

Der Fundort einer Wikingersiedlung aus dem 8./9. Jahrhundert ist heute UNESCO-Welterbestätte. Da nur die unter der Erde begrabenen Relikte erhalten sind, zeigt ein Museum, wie die Stadt einst aussah und funktionierte, sowie einige bemerkenswerte Funde. Die Insel selbst ist unberührt und nur von Schafen und Stierkälbern bevölkert. Im Sommer fahren Boote nach Birka.

Wikingermünze, Birka

8 Mariefred

Die Stadt bezaubert mit engen Gassen und Holzhäusern aus dem 18. und 19. Jahrhundert. Die berühmteste Attraktion ist das märchenhafte Schloss Gripsholm. Zu dem Ausflugsziel fährt im Sommer um 10 Uhr das Dampfschiff S/S *Mariefred* vom Stadshuskajen am Stadshuset ab, die Rückfahrt ab Mariefred erfolgt um 16.30 Uhr. Man kann in den Sommermonaten aber auch mit dem Zug nach Läggesta und von dort weiter mit der Museumseisenbahn Östra Södermanlands Järnväg nach Mariefred fahren. Auf dem Ausflug lohnt auch ein Abstecher zum Taxinge slott *(siehe S. 102)*.

Schloss Gripsholm, Mariefred

9 Avicii Arena

Globentorget 2 ▪ +46 8 600 9100 ▪ bis 2025 wegen Renovierung geschl. ▪ Eintritt für Skyview ▪ www.aviciiarena.se

Die Sport- und Konzerthalle ist das größte sphärische Gebäude der Welt. Besucher können in einer gläsernen Gondel, die auf Schienen an der Außenhaut des Bauwerks verläuft, aufs Dach fahren und den Ausblick genießen. Die Fahrten sollte man im Voraus buchen, denn sie werden gern für Hochzeiten reserviert. Die früher Ericsson Globe genannte Halle wurde 2021 zu Ehren des verstorbenes schwedischen DJs Avicii umbenannt *(siehe S. 47)*.

Rödlöga in Stockholms Skärgård

10 Stockholms Skärgård

Wer den gesamten Schärengarten vor Stockholm erforschen möchte, benötigt wohl mehrere Wochen, doch die Schönheit des Archipels offenbart sich schon bei einem kurzen Ausflug. Hauptort ist Vaxholm mit gut erhaltenen Holzhäusern (frühes 20. Jh.) in Pastelltönen. Am Hafen finden sich nette Restaurants und Cafés. Vaxholm ist von Stockholm aus mit Schiffen von Waxholmsbolaget sowie mit dem Bus 670 erreichbar *(siehe S. 16–19)*.

Ausflug nach Uppsala

Vormittags

Uppsala ist das perfekte Ziel für einen Tagesausflug. Die meisten Sehenswürdigkeiten liegen im historischen Westteil der Stadt. Vom Bahnhof führt ein schöner Spaziergang ins Stadtzentrum: Gehen Sie nach rechts und bummeln Sie Richtung Norden zum **Linnéträdgården**, einem zauberhaften botanischen Garten mit dem **Linnémuseet**. Dann überqueren Sie den Fluss und folgen ihm zur **Uppsala domkyrka** aus dem 13. Jahrhundert. In dem Dom, Skandinaviens höchstem Kirchenbau, befindet sich das Grab von König Gustav I. Wasa. Nur einen Steinwurf entfernt locken im viel gelobten Restaurant **Hambergs Fisk** *(siehe S. 103)* exzellente Mittagsmenüs mit einem guten Preis-Leistungs-Verhältnis.

Nachmittags

An der Ostseite des Bahnhofs liegt die Endstation der **Schmalspurbahn Lennakatten** *(siehe S. 102)*. Der kleine Museumszug fährt auf einer Strecke von 32 Kilometern durch Wälder und an Seen vorbei nach **Marielund** und hält unterwegs an sechs Bahnhöfen. Für die Hin- und Rückfahrt sollten Sie rund zwei Stunden einplanen – so bleibt noch reichlich Zeit für einen Bummel und eine kleine Erfrischung im Bahnhofscafé. Von Uppsala fahren bis in den Abend hinein regelmäßig Züge (ca. drei pro Stunde) nach Stockholm. Wer in Uppsala zu Abend essen möchte, kann gegen 22 Uhr den letzten direkten Zug zurück nehmen.

Siehe Karte S. 98f

Dies & Das

1 Torekällberget, Södertälje

Karte G2 ■ Källgatan 15, Södertälje ■ +46 8 5230 1422 ■ tägl. 10–16 Uhr (Juni–Aug bis 17 Uhr) ■ www.sodertalje.se/torekallberget

Das Freilichtmuseum präsentiert ein hübsches Dorf und Bauernhoftiere aus vergangenen Zeiten.

2 Steninge slott

Karte G1 ■ Steninge Slottsväg 141, Märsta ■ Zug von Stockholm nach Märsta, dann Bus 580 nach Steninge ■ +46 8 5925 9500 ■ Mo–Fr 11–18 Uhr, Sa & So 10–17 Uhr

Das Barockschloss am Mälaren bietet an Weihnachten einen Markt.

3 Schmalspurbahn Lennakatten, Uppsala

Karte G1 ■ Uppsala Östra station, Uppsala ■ +46 1 813 0500 ■ Juni–Anfang Sep ■ www.lennakatten.se

Eine Dampflok zieht die Schmalspurbahn ab Uppsala an dichten Wäldern und Seen vorbei.

Nationalpark Tyresta

4 Nationalpark Tyresta

Karte G2 ■ Tyresta, Vendelsö ■ +46 8 745 3394

In dem Nationalpark, 20 Kilometer außerhalb von Stockholm, kann man in unberührter Natur wandern.

5 Björnö

Karte H2 ■ Bus 428, 429

Das Naturschutzgebiet auf Ingarö bietet Strände und Zeltplätze.

Freifallturm, Tom Tits Experiment

6 Tom Tits Experiment, Södertälje

Karte G2 ■ Storgatan 33, Södertälje ■ +46 8 5502 2500 ■ tägl. 10–17 Uhr ■ Eintritt ■ www.tomtit.se

Das mit Attraktionen gespickte interaktive Wissenschaftsmuseum begeistert Besucher jeden Alters.

7 Saltsjöbaden

Karte G2

Der Badeort ist mit dem Bummelzug erreichbar. Das Stationshuset dient als Biocafé.

8 Skogskyrkogården

Karte G2 ■ Enskede ■ +46 8 5083 1730

Der Friedhof mit dem Grab Greta Garbos ist UNESCO-Welterbe.

9 Taxinge slott

Karte F2 ■ Taxinge ■ +46 1 597 0114 ■ Mai–Aug: tägl. 11–18 Uhr; Sep: tägl. 11–16 Uhr; Okt–Apr: Fr–So 11–16 Uhr ■ www.taxingeslott.se

In dem Schloss kann man an einem Büfett aus rund 65 hausgemachten Kuchen wählen.

10 Västerås

Eine der ältesten Städte in Schweden birgt Museen, eine Kathedrale und einen botanischen Garten.

→ Siehe Karte S. 98f

Cafés & Restaurants

Preiskategorien

Preis für ein Drei-Gänge-Menü pro Person mit einer halben Flasche Wein, inkl. Steuern und Service.

Ⓚ unter 700 Kr
ⓀⓀ 700–1000 Kr
ⓀⓀⓀ über 1000 Kr

1 Finnhamns Café & Krog

Finnhamns brygga ▪ +46 8 5424 6412 ▪ Juni–Aug: tägl. 11.30–15 & 17–24 Uhr; Mai, Sep & Okt: Sa & So 11–24 Uhr ▪ Ⓚ

Auf der Terrasse genießt man bei gutem Essen wunderbaren Ausblick.

2 Nya Carnegiebryggeriet

Ljusslingan 15–17, Södra Hammarbyhamnen ▪ +46 8 5106 5082 ▪ Di 16–22 Uhr, Mi–Do 16–23 Uhr, Fr 11.30–24 Uhr, Sa 15–24 Uhr ▪ Ⓚ

Die Brauerei mit Bar und Restaurant ist sehr beliebt *(siehe S. 50)*.

3 Båthuset

Hamnen, Sigtuna ▪ +46 7 2174 6454 ▪ Mai–Sep: Di–Sa 18–22 Uhr; Okt–Apr: Mi–Sa 18–21 Uhr ▪ Ⓚ

Das gemütliche schwimmende Restaurant bietet erstklassiges Essen.

4 Vaxholms Hembygdsgårds Café

Trädgårdsgatan 19, Vaxholm ▪ +46 8 541 319 80 ▪ Mai: Sa & So 11–17 Uhr; Juni–Mitte Sep: tägl. ▪ Ⓚ

Das nette Café am Ufer serviert leichte schwedische Kost wie Salate, Waffeln und belegte Brote.

5 Hambergs Fisk

Fyristorg 8, Uppsala ▪ +46 1 871 2150 ▪ Di–Sa 11.30–22 Uhr ▪ Ⓚ

Das Fischrestaurant mit dem Flair eines französischen Bistros verkauft auch Fisch zum Mitnehmen.

6 Landet

LM Ericssons väg 27, Hägersten ▪ +46 8 410 193 20 ▪ Mo–Fr 11–14 & 16–23 Uhr (Mi & Do bis 24 Uhr, Fr bis 1 Uhr), Sa 16–1 Uhr ▪ Ⓚ

Das Landet ist Restaurant, Bar, Club und Konzertbühne *(siehe S. 51)*.

7 Sjöpaviljongen

Traneberg Strand 4, Bromma ▪ +46 8 704 0424 ▪ Mo–Fr 11.15–22 Uhr, Sa 12–22 Uhr, So 12–21 Uhr ▪ Ⓚ

Die hübsche Terrasse des Uferrestaurants ist an Sommerabenden ein beliebtes Ziel.

8 Stationshuset i Saltsjöbaden

Bahnhof Saltsjöbaden ▪ +46 8 5562 6600 ▪ tägl. 9–17 Uhr ▪ Ⓚ

Das Café am Bahnhof des Badeorts Saltsjöbaden, wo die Züge aus Slussen halten, serviert Biokost.

9 Skärgårdskrogen i Saltsjöbaden

Vikingavägen 17a, Saltsjöbaden ▪ +46 8 717 1560 ▪ Mo–Fr 10.30–14 Uhr (Mai–Aug tägl.) ▪ Ⓚ

Das Lokal in Stockholms Skärgård liegt nur eine kurze Zugfahrt von Slussen entfernt und ist ein toller Ort für ein Mittagessen.

10 Rökeriet

Fjärderholmarna ▪ +46 8 716 5088 ▪ Mai–Anfang Sep: tägl. 12–22 Uhr ▪ Ⓚ

Das idyllisch gelegene Lokal auf der Insel Fjärderholmarna ist auf Fisch und Seafood spezialisiert.

Uferlokal Rökeriet

Reise-Infos

Bunt gestalteter Brunkebergstunneln für Fußgänger und Radfahrer

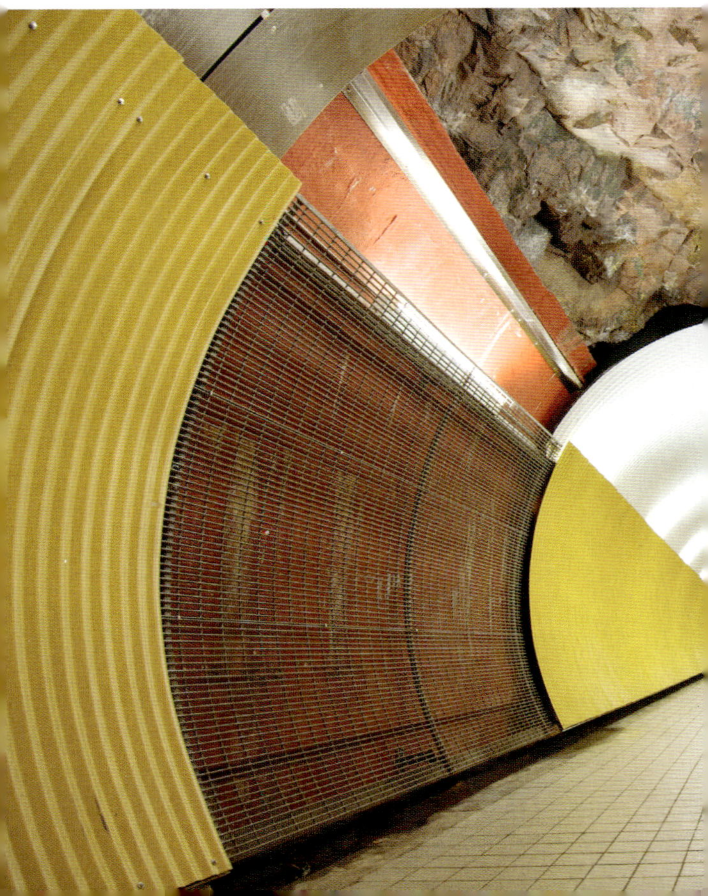

Anreise & In Stockholm unterwegs

Flugreisen

Der **Flughafen Stockholm Arlanda** (ARN) liegt knapp 37 Kilometer nördlich der Stadt und ist der wichtigste internationale Flughafen der Region. Von einer ganzen Reihe deutscher Städte wie auch von Wien und Zürich gibt es Direktflüge nach Stockholm. Zu den Anbietern zählen neben der skandinavischen Fluglinie **SAS** auch Lufthansa und Eurowings, Austrian und Swiss. Terminal 5 dient als Hauptterminal für internationale und Inlandsflüge, Billigflüge werden an Terminal 4 abgefertigt.

Mit den flinken Zügen des **Arlanda Express** gelangt man in nur 20 Minuten zum Hauptbahnhof Stockholm. SL-Vorortzüge benötigen vom Flughafen rund 40 Minuten in die Innenstadt, ähnlich lang dauert die Fahrt mit dem Bus. Taxis verlangen einen Festpreis für die Fahrt in die Innenstadt.

Der vorwiegend von Billigfliegern genutzte **Flughafen Stockholm Skavsta** liegt 100 Kilometer südlich von Stockholm bei Nyköping. Busse benötigen rund 90 Minuten nach Stockholm, ab Nyköping fahren auch Züge.

Der zentrumsnahe Flughafen Bromma dient nur für Kleinflugzeuge.

Zugreisen

Hauptbahnhof der Stadt und Schwedens wichtigster Knotenpunkt für internationale und inländische Zugreisen ist der Bahnhof **Stockholm C** (Stockholms centralstation). Alle zwei Stunden verkehren Züge zwischen Stockholm und Kopenhagen über Malmö.

Das Eisenbahnunternehmen **SJ** (früher Statens Järnväger) unterhält die meisten Fernstrecken im Land, daneben gibt es ein paar regionale Betreiber. Preisgünstige Tickets sind 90 Tage vor Reisedatum zu haben, meist aber rasch ausverkauft.

Schiffsreisen

Fähren von **Hansa Destinations** fahren von Rostock nach Nynäshamn (60 km südl. von Stockholm), **Polferries** mit diesem Ziel legen in Danzig ab. In Travemünde und Rostock starten **TT-Line**-Fähren nach Trelleborg.

Anreise mit dem Auto

Autofahrer benötigen in Schweden lediglich ihren nationalen Führerschein. Die Öresundbrücke zwischen Dänemark und Schweden ist mautpflichtig (57 Euro pro Pkw). Von dort geht es auf der Autobahn E4 die 550 Kilometer nach Stockholm, wo Sie ihr Auto am besten in einer sicheren Garage abstellen und stattdessen den ÖPNV nutzen.

Öffentlicher Nahverkehr

Die Verkehrsgesellschaft **Storstockholms Lokaltrafik**, kurz **SL**, kümmert sich um den gesamten ÖPNV im Großraum Stockholm. Sie betreibt neben U-Bahn, Bussen und Trams auch Fähren und Vorortzüge.

Das U-Bahn-Netz der Tunnelbana (T-bana) besteht aus drei Hauptlinien (rot, grün, blau), die sich am zentralen U-Bahnhof T-Centralen kreuzen. Die Züge verkehren wochentags bis Mitternacht, freitags und samstags sowie vor wichtigen Feiertagen rund um die Uhr.

Stockholms moderne Linienbusse fahren größtenteils bis Mitternacht. Die Hauptlinien werden oft durchgehend bedient, einige Ziele, die weiter außerhalb liegen, werden zudem von Nachtbussen angefahren.

1967 wurde der Trambetrieb in Stockholm weitgehend eingestellt. Die letzte Straßenbahn in der Stockholmer Innenstadt fährt als Linie 7 vom Sergels torg (T-Centralen) über Djurgården nach Waldemarsudde. Im Sommer sind auf der Strecke historische Trams unterwegs.

Ziele in der Umgebung von Stockholm sind mit Vorortzügen *(pendeltåg)* gut zu erreichen. Derzeit sind zwischen Bålsta und Nynäshamn, Märsta und Södertälje, Gnesta und Södertälje sowie zwischen Uppsala und Älvsjö vier Linien in Betrieb. Die Züge fahren im Viertelstundentakt, abends alle 30 Minuten.

ÖPNV-Tickets

SL-Tickets gelten für Tunnelbana, Bus, Tram, Fähren sowie Vorortzüge und müssen vor Fahrtantritt erworben werden.

Statt Fahrkarten aus Papier gibt es in Stockholm nur noch elektronische Tickets, die auf die für 20 Kronen erhältliche SL Access Card aufgeladen werden können. Das Ticket für die Innenstadt kostet für 20- bis 64-Jährige Fahrgäste 42 Kronen (erm. 26 Kr) und gilt für 75 Minuten Fahrt inkl. Umsteigen. Günstiger sind Zeitfahrkarten für einen Tag (175/110 Kr), drei Tage (350/220 Kr), sieben Tage (455/290 Kr) oder länger und für alle Zonen. Sie erhalten alle Tickets in SL-Kundenzentren, an Automaten oder über die App »SL-Journey planner and tickets«. Kinder unter zwölf Jahren fahren kostenlos mit. Auch Kredit- und Debitkarten lassen sich als Fahrkarte nutzen, man kommt dann aber nicht in den Genuss von Rabatten.

Taxis

Taxis sind überall in der Stadt zu finden, die Fahrt ist allerdings kostspielig. Fahrten von der Vorstadt ins Zentrum kosten etwa 400 Kronen, innerhalb der Stadt sind schnell 250 Kronen fällig. Seriöse Unternehmen sind z. B. **TaxiKurir**, **Taxi Stockholm** und **Sverigetaxi**.

Autofahren

Die meisten bekannten Mietwagenfirmen haben Filialen am Flughafen und in der Stadt, doch prinzipiell lohnt sich ein Auto in Stockholm nur dann, wenn man Ziele außerhalb der Stadt ansteuern möchte. Im Zentrum selbst zu fahren, ist für Besucher nicht ratsam. Nicht nur, dass hier für alle Fahrzeuge eine Citymaut fällig ist – je nach Tageszeit zwischen 11 und 45 Kronen –, auch Parkplätze sind überaus rar und zudem teuer.

Fähren

Mit SL-Fähren (und SL-Ticket) gelangt man z. B. von Slussen in zehn Minuten nach Djurgården. Fährstrecken, die SL nicht abdeckt, bedient u. a. **Waxholmsbolaget**. Die Reederei im Besitz der Stockholmer Provinzialverwaltung betreibt Fährverbindungen zum Schärengarten und zu Attraktionen am Mälaren. Das Ticket kauft man bargeldlos an Bord.

Radfahren

Stockholm verfügt über ein ausgedehntes Netz von Radwegen. Von Mai bis September kann man bei **Rent a Bike** Fahrräder mieten – und in den Wintermonaten ist Radfahren eh nicht zu empfehlen.

Zu Fuß

Spaziergänge sind fraglos die beste Art, Stockholm zu erkunden. Die Gehwege sind breit, es gibt viele Fußgängerzonen und bei Bedarf ist die nächste T-Station nicht weit. Manche Wege am Ufer oder in Parks muss man sich mit Radlern teilen, dann ist etwas Vorsicht geboten.

Flugreisen

Flughafen Stockholm Arlanda
W swedavia.com/arlanda

SAS
W flysas.com

Arlanda Express
W arlandaexpress.com

Flughafen Stockholm Skavsta
W skavsta.se

Zugreisen

Stockholm C
Karte K3 ■ Centralplan 15
T +46 77 192 1921
W www.jernhusen.se

SJ
T +46 10 751 6000
W sj.se

Schiffsreisen

Hansa Destinations
W hansadestinations.com

Polferries
W polferries.de

TT-Line
W ttline.com

Öffentlicher Nahverkehr

Storstockholms Lokaltrafik (SL)
T +46 8 600 1000
W sl.se

Taxis

TaxiKurir
W taxikurir.se

Taxi Stockholm
W taxistockholm.se

Sverigetaxi
W sverigetaxi.se

Fähren

Waxholmsbolaget
W waxholmsbolaget.se

Radfahren

Rent a Bike
W rentabike.se

Praktische Hinweise

Einreise

Da Schweden zu den Mitgliedern des Schengener Abkommens zählt, benötigen Bürger der EU und der Schweiz für die Einreise lediglich einen gültigen Personalausweis und können sich 90 Tage im Land aufhalten. Für Kinder jeden Alters sind eigene Ausweispapiere mit Lichtbild erforderlich.

Zoll

Bei EU-Bürgern sind Waren für den persönlichen Bedarf zollfrei. Für Tabak (ab 18 Jahren) und Alkohol (ab 20 Jahren) gelten die EU-Höchstgrenzen: 800 Zigaretten, 400 Zigarillos, 200 Zigarren oder ein Kilogramm Tabak sowie zehn Liter Spirituosen, 90 Liter Wein oder 110 Liter Bier. Weitere Informationen bietet die schwedische Zollbehörde (**Tullverket**).

Reise- & Sicherheitshinweise

Deutsche, Österreicher und Schweizer erhalten auf den Websites ihrer **Außenministerien** Reisehinweise sowie Informationen über die aktuelle Sicherheitslage und ggf. notwendige Einreisedokumente. Da es wegen unvorhersehbarer Entwicklungen jederzeit zu Änderungen und Einschränkungen kommen kann, stellen die Außenministerien zudem kostenlose Apps zur Verfügung, über die Reisende sofort von Veränderungen der Lage erfahren.

Versicherung

Gesetzlich versicherte Bürger der EU und der Schweiz haben mit der Europäischen Krankenversicherungskarte (EHIC) ihrer Krankenkasse auch in Schweden Anrecht auf kostenlose medizinische Versorgung. Da die Versicherung Notfallbehandlungen und Folgerezepte, nicht aber Praxisgebühren, Zahnbehandlungen oder gar Krankenrücktransporte abdeckt, ist eine private Auslandsreisekrankenversicherung zu erwägen. Reiseversicherungen decken meist auch Risiken von Reiserücktritt bis zu Gepäckverlust ab. Für Erstattungen müssen Sie Verbrechen oder verlorenes Gut anzeigen und eine Kopie der polizeilichen Aufnahme aufbewahren.

Gesundheit

Schweden verfügt über ein erstklassiges Gesundheitssystem. Die Stockholmer Krankenhäuser sind exzellent. Bei kleineren Beschwerden reicht oft der Gang in eine Apotheke *(apotek)*, allerdings bekommt man viele in anderen Ländern frei erhältliche Medikamente in Schweden nur auf Rezept. Bei schwerwiegenderen Beschwerden hilft man Ihnen dort (oder im Hotel) bei der Arztsuche, Sie können bei gesundheitlichen Problemen aber auch **1177 Vårdguiden** kontaktieren. In Notfällen rufen Sie besser gleich die Ambulanz. Wer dringend einen Zahnarzt *(tandläkar)* benötigt, kann sich an den Notfalldienst von **City Dental** wenden, der auch am Wochenende bereitsteht. Die Ärzte sprechen Englisch, nicht selten auch Deutsch.

Naturfreunde, die sich gern in bewaldeten Gebieten oder Parks aufhalten, sollten sich gut vor Zeckenbissen schützen, da auch in Schweden das Risiko einer durch Zecken übertragenen Enzephalitis (FSME) besteht.

Leitungswasser hat in Schweden Trinkqualität.

Sicherheit & Notfälle

Stockholm ist eine für Besucher sehr sichere Stadt. Auch Anfeindungen aufgrund von Geschlecht, Hautfarbe oder sexueller Orientierung sind im aufgeschlossenen Schweden selten. Allerdings gibt es auch hier Taschendiebe, weshalb Sie Wertsachen und Reisedokumente gut verwahren und nie große Summen Bargeld bei sich tragen sollten. Am besten lassen Sie alles im Hotelsafe – Besucher müssen sich in Schweden nicht jederzeit ausweisen können, bei Bedarf reicht es, das Dokument innerhalb von zwölf Stunden bei der Polizei vorzulegen.

Nachts stößt man rund um Medborgarplatsen und Stureplan oder in Tunnelbana-Stationen mitunter auf lautstarke Gruppen von Betrunkenen, die aber in der Regel harmlos sind, solange man sich nicht provozieren lässt. Meist ist dort auch die Polizei nicht weit.

Die gebührenfreie europäische **Notrufnummer 112** für Polizei, Rettungsdienst und Feuerwehr gilt auch in Schweden. Für Hilfe in weniger dringenden Fällen wählen Sie direkt die Nummer der **schwedischen Polizei**. Diebstähle sollten sie unbedingt auf dem Polizeirevier zur Anzeige bringen – allein schon wegen des Berichts für Ihre Versicherung.

In ernsten Krisensituationen oder beim Verlust von Reisedokumenten kontaktieren Sie Ihre **Botschaft**, falls **Kreditkarten** abhandenkommen, lassen Sie diese umgehend sperren.

Rauchen, Alkohol & Drogen

Schweden hat sich das Ziel gesetzt, bis spätestens 2025 rauchfrei zu werden – als erstes Land der Welt. Aus öffentlichen Gebäuden und Lokalen hat man Raucher schon lange verbannt, mittlerweile gilt das auch für Eingangsbereiche und Orte wie Bahnhöfe, Spielplätze und Straßencafés.

Der Genuss von Alkohol ist ab einem Alter von 18 Jahren erlaubt, kaufen (in staatlich lizenzierten Läden) und einführen darf man ihn aber erst ab 20. Autofahrer machen sich ab 0,2 Promille der Trunkenheit am Steuer schuldig. Bei groben Verstößen (ab 1,0 Promille) droht Freiheitsentzug.

Drogenkonsum und -besitz ist illegal, was übrigens auch für medizinisches Marihuana gilt. Die Gesetze dazu zählen zu den striktesten in Europa.

Behinderte Reisende

Stockholm rühmt sich selbst, eine der Hauptstädte mit der weltweit größten Barrierefreiheit zu sein. U-Bahnen und Vorortzüge sind behindertengerecht ausgebaut und bieten an allen Bahnhöfen barrierefreien Zugang, Nahverkehrsbusse verfügen über Rollstuhlrampen und sind mit einer Neigetechnik ausgestattet, um Fahrgästen das Ein- und Aussteigen zu erleichtern. Zudem wurde an rund 360 Bushaltestellen die Bordsteinhöhe angepasst. Öffentliche Bereiche müssen für körperlich oder sehbehinderte Menschen zugänglich sein. Nicht nur neue Gebäude verfügen über Rampen und geräumige barrierefreie Toiletten, auch die meisten historischen Sehenswürdigkeiten sind entsprechend ausgestattet. Mehr Informationen bietet der schwedische Behindertenverband **Delaktighet Handlingskraft Rörelsefrihet** (DHR). Auf der Website **Visit Sweden** finden sich nützliche Hinweise auf Deutsch.

Zoll

Tullverket
W tullverket.se

Reise & Sicherheitshinweise
W auswaertiges-amt.de
W bmeia.gv.at
W eda.admin.ch

Gesundheit

1177 Vårdguiden
T 1177
T +46 77 111 7700
W 1177.se

City Dental
Karte L3 ■ Drottninggatan 27
T +46 8 200 680
W citydental.se

Sicherheit & Notfälle

Europäischer Notruf
T 112

Schwedische Polizei (keine Notfälle)
T 114 14
T +46 77 114 1400
W polisen.se/de

Deutsche Botschaft
Karte F3 ■ Skarpögatan 9, 115 27 Stockholm
T +46 8 670 1500
W stockholm.diplo.de

Österreichische Botschaft
Karte Q2 ■ Banérgatan 10, 115 23 Stockholm
T +46 8 665 1770
W bmeia.gv.at/oeb-stockholm

Schweizerische Botschaft
Karte D1 ■ Valhallavägen 64, 114 27 Stockholm
T –46 8 676 7900
W eda.admin.ch/schweden.html

Kreditkartenverlust
T –49 116 116
W sperr-notruf.de

Behinderte Reisende

Delaktighet Handlingskraft Rörelsefrihet
W dhr.se

Visit Sweden
W visitsweden.de/uber-schweden/zuganglichkeit

LGBTQ+

Das weltoffene Schweden heißt Menschen jeglichen Geschlechts und jeder sexuellen Orientierung willkommen. Homosexualität wurde hier bereits 1944 legalisiert, 1972 das Schutzalter angeglichen. 2009 stimmte das Parlament mit großer Mehrheit für die Anerkennung von gleichgeschlechtlichen Ehen. Zu den zahllosen LGBTQ+ Events in Schweden gehören mehr Pride-Festivals pro Kopf als irgendwo sonst auf der Welt.

Die Hauptstadt Stockholm hat eine lebhafte LGBTQ+ Szene, die Stockholm Pride *(siehe S. 60)* ist ein landesweit beliebtes Event. Für Reisende hält die Website **Stockholm LGBT** nützliche Informationen aller Art bereit.

Etikette & Respekt

Die Schweden sind recht zwanglos. Duzen ist die Norm, ein freundliches *»Hej!«* die übliche Begrüßung. Legere Kleidung wird fast überall akzeptiert, auch in schickeren Restaurants.

Ein wichtiger schwedischer Brauch, den man auch als Besucher beherrschen sollte, ist das *skåling*: Beim *»Skål«* schaut man seinem Gegenüber in die Augen, hebt das Glas, trinkt und wiederholt den Blickkontakt, bevor man das Glas wieder abstellt.

Geld & Kreditkarten

Schwedens Währung ist die Schwedische Krone *(krona, kronor)*. Sie ist in 100 Öre unterteilt, doch die kleinste Münze im Umlauf ist das 1-Kronen-Stück, daneben gibt es 2-, 5- und 10-Kronen-Münzen sowie Banknoten zu 20, 50, 100, 200, 500 und 1000 Kronen.

Die bequemste Art, an Bargeld zu gelangen, sind auch hier Geldautomaten, an denen man mit Kredit- oder Debitkarte und PIN rund um die Uhr Kronen abheben kann. Lehnen Sie die Option »Sofortumrechnung« möglichst ab, da hierbei ein schlechterer Wechselkurs gilt.

Viel Bargeld werden Sie wohl nicht brauchen, da Schweden auf dem besten Weg ist, zur bargeldlosen Gesellschaft zu werden. Karten sind hier nicht selten das einzige akzeptierte Zahlungsmittel und werden selbst für kleinste Transaktionen genutzt. Auch in vielen Museen und anderen Sehenswürdigkeiten kommt man inzwischen mit Bargeld nicht mehr weit.

Telefon & Internet

Die Landesvorwahl von Schweden lautet +46, Stockholm hat die Vorwahl (0)8. Dass man in Schweden mit allen in Europa gängigen Handys und Smartphones telefonieren kann, ist selbstverständlich. Besucher aus der EU zahlen hier für Handygespräche dasselbe wie zu Hause. Der Mobilfunkempfang ist in ganz Stockholm hervorragend – sogar in der U-Bahn.

Highspeed-Internet ist in Stockholm weitverbreitet. Die meisten Hotels, Restaurants, Cafés und Bars bieten Gästen kostenlose WLAN-Hotspots.

Post

Die meisten Filialen des nationalen Postdienstes **PostNord**, erkennbar am blau-gelben Logo, finden sich innerhalb von Supermärkten und Zeitungsläden, Briefmarken gibt es aber auch in Pressbyrån- und 7-Eleven-Filialen. Blaue Briefkästen sind für Sendungen innerhalb des Stockholmer Stadtgebiets, gelbe Kästen für landesweite und internationale Sendungen.

Öffnungszeiten

Der überwiegende Teil der Sehenswürdigkeiten und großen Museen in Stockholm ist das ganze Jahr über geöffnet, allerdings sind die Öffnungszeiten in den Wintermonaten oft kürzer gehalten. Einige Freiluftattraktionen wie Gröna Lund sind nur in Frühjahr und Sommer zugänglich.
Größere Läden sind in der Regel jeden Tag im Jahr geöffnet, meist von etwa 8 bis 19 Uhr.

Einige Restaurants öffnen erst abends ihre Türen, beliebte Ruhetage sind Sonntag und Montag. Auch Bars bleiben zum Wochenanfang oft geschlossen. Die meisten Bars im Stadtzentrum sind bis Mitternacht oder 1 Uhr morgens geöffnet. Clubs schließen nicht selten erst um 2 oder 3 Uhr früh (einige wenige sogar erst um 5 Uhr).

An Weihnachten und zu Mittsommer *(siehe S. 61)* sind nahezu alle Läden und Lokale geschlossen. Rund um diese Feiertage machen manche Betriebe auch gern noch ein paar Tage Urlaub.

Mehrwertsteuer

Der Mehrwertsteuersatz in Schweden beträgt 25 Prozent und ist damit einer der höchsten in Europa. Ermäßigte Sätze gelten u. a. für Lebensmittel (12 %) sowie für Bücher und Zeitschriften (6 %). Nicht-EU-Bürger können sich die Steuer für in Schweden gekaufte Waren bei der Heimreise rückerstatten lassen.

Strom

Die Netzspannung ist in Schweden auf 230 Volt und 50 Hz ausgelegt. Die Stecker sind zweipolig, Adapter sind nicht nötig.

Zeitzone

In Schweden gilt die Mitteleuropäische Zeit (MEZ). Die Sommerzeit beginnt auch hier am letzten Sonntag im März und endet am letzten Sonntag im Oktober.

Klima

Die Sommer in Stockholm können sehr warm werden, dann laden Café- und Restaurantterrassen zum Draußensitzen ein. Der Herbst ist nur kurz, schon kommt der Winter und man muss sich warm anziehen: Zwischen November und März steigt das Thermometer selten über 0 °C und kann bis auf –20 °C fallen.

Sprache

Neben Schwedisch als offizieller Landessprache sind hier fünf Minderheitensprachen gesetzlich anerkannt: Finnisch, Jiddisch, Meänkieli (Tornedalfinnisch), Romani und Sami. Hinzu kommt eine Reihe von Dialekten. In Stockholm sprechen die meisten Leute Englisch, manche können auch ein paar Worte Deutsch.

Information

Visit Stockholm, das offizielle Besucherportal der Stadt, bietet Informationen zu Sehenswürdigkeiten, Shopping, Gastronomie und Nachtleben in englischer Sprache – inklusive Insidertipps von Einheimischen.

Weitere gute Informationsquellen sind **Visit Sweden**, Schwedens offizielle Website für Tourismus, die es auch in deutscher Sprache gibt, und die vom Schwedischen Institut betriebene Website **Sweden.se**.

Ermäßigungen

Bei vielen Sehenswürdigkeiten erhalten Studierende und Senioren nach Vorlage eines Ausweises Ermäßigungen, andere können mit dem **Stockholm Pass** Geld sparen. Der Pass, erhältlich für 24 Stunden (969 Kr) bis fünf Tage (2029 Kr), erlaubt freien Eintritt in Museen und andere Sehenswürdigkeiten und umfasst auch Bus- und Bootstouren und andere Aktivitäten, lohnt sich aber nur, wenn man tatsächlich so viel unternehmen will.

Unterkunft

Hotels in Stockholm sind nicht billig, bieten aber hohen Standard. Dank des guten ÖPNV sind auch günstigere Hotels außerhalb des Zentrums eine Option, noch preiswerter sind Hostels.

Selbst in der Hochsaison von Mai bis August ist die Stadt nie überlaufen. Rar sind Hotelzimmer eigentlich nur bei Großereignissen wie etwa dem Stockholm Marathon im Juni – dann ist frühes Buchen ratsam. Eine beliebte Reisezeit ist der September, wenn der Himmel blau und die Blätter bunt sind, Stockholm lohnt aber auch im Winter den Besuch, vor allem in der Vorweihnachtszeit lockt stimmungsvolles Flair.

Durchstöbern Sie die bekannten Buchungsportale nach Angeboten. Privatunterkünfte vermittelt **c/o Stockholm**. Wer auf Nachhaltigkeit Wert legt, findet eine Liste entsprechender Häuser auf **Visit Stockholm**.

LGBTQ+

Stockholm LGBT
W stockholmlgbt.com

Post

PostNord
W postnord.se/en

Information

Visit Stockholm
T +46 8 5082 8508
W visitstockholm.com

Visit Sweden
W visitsweden.com

Sweden.se
W sweden.se

Ermäßigungen

Stockholm Pass
W gocity.com/de/stockholm

Unterkunft

c/o Stockholm
W costockholm.com

Hotels

Preiskategorien
Preis für ein Doppelzimmer pro Nacht mit Frühstück (falls inklusive), Steuern und Service.

Ⓚ unter 1500 Kr ⓀⓀ 1500–2500 Kr ⓀⓀⓀ über 2500 Kr

Luxushotels

Grand Central by Scandic

Karte K2 ■ Kungsgatan 70 ■ +46 8 5125 2000 ■ www.scandichotels.com ■ Ⓚ
In zentraler Lage nahe dem Hauptbahnhof bietet das in einem 130 Jahre alten Gebäude ansässige Hotel guten Anschluss an den Arlanda Express. In der Acoustic Bar ist Livemusik zu hören, das exzellente Mittagsbüfett an Werktagen ist bei den Angestellten aus den umliegenden Büros überaus beliebt.

Clarion Sign

Karte K3 ■ Östra Järnvägsgatan 35 ■ +46 8 676 9800 ■ www.nordicchoicehotels.com ■ ⓀⓀ
Das Hotel im Stadtzentrum präsentiert sich mit eleganten Möbeln und Schwarz-Weiß-Fotografien typisch skandinavisch. Es bietet ein Spa mit beheiztem Pool im Freien, ein Fitnesscenter, eine Sauna und Blick über Stockholm.

Hotell Reisen

Karte N5 ■ Skeppsbron 12 ■ +46 8 1288 1234 ■ www.hyatt.com ■ ⓀⓀ
Das elegante, im maritimen Stil eingerichtete Hotel befindet sich unweit des Kungliga slottet. Die Standardzimmer bieten Aussicht auf die Altstadt, die Räume der gehobenen Kategorie Blick über das Wasser. Die Luxuszimmer besitzen Sauna, Jacuzzi und Balkon.

Radisson Blu Waterfront Hotel

Karte K4 ■ Nils Ericssons Plan 4 ■ +46 8 5050 6000 ■ www.radissonblu.com ■ ⓀⓀ
Das moderne Haus in der Nähe des Hauptbahnhofs ist mit dem 3000 Personen fassenden Stockholm Waterfront Congress Centre verbunden und bietet entsprechend gute Businesseinrichtungen. Die Aussicht von den Zimmern ist großartig.

Elite Eden Park

Karte N1 ■ Sturegatan 22 ■ +46 8 5556 2700 ■ www.elite.se ■ ⓀⓀⓀ
Nahe dem Clubviertel Stureplan und dem beschaulichen Humlegården wartet dieses Hotel mit 124 komfortablen Zimmern, einem englischen Pub, einem Fitnesscenter und einer Sauna auf.

Ett Hem

Karte C1 ■ Sköldungagatan 2 ■ +46 8 200 590 ■ www.etthem.se ■ ⓀⓀⓀ
Ein stattliches Gebäude aus dem 20. Jahrhundert mit Garten beheimatet dieses Boutiquehotel, das seinen Gästen luxuriöse Unterkunft in zentraler Lage bietet. Jedes der zwölf Zimmer ist individuell gestaltet und mit klassisch skandinavischen Möbeln eingerichtet.

Grand Hôtel

Karte N4 ■ Södra Blasieholmshamnen 8 ■ +46 8 679 3500 ■ www.grandhotel.se ■ ⓀⓀⓀ
Schwedens führendes Fünf-Sterne-Hotel erfreut mit fantastischer Lage am Ufer, dem Sternerestaurant Matbaren *(siehe S. 91)* und der für eine außergewöhnliche Cocktailauswahl bekannten Cadier Bar *(siehe S. 90)*.

Hotel Diplomat

Karte P3 ■ Strandvägen 7c ■ +46 8 459 6800 ■ www.diplomathotel.com ■ ⓀⓀⓀ
Das elegante Hotel in einem Nobelviertel von Stockholm bietet schönen Blick übers Wasser auf die Inseln Skeppsholmen und Djurgården. Im Sommer fahren hier die historischen Straßenbahnen vorbei. In der gemütlichen Cocktailbar des Hauses kann man abends gut entspannen.

Hotel Rival

Karte C5 ■ Mariatorget 3 ■ +46 8 5457 8900 ■ www.rival.se ■ ⓀⓀⓀ
Das Hotel ist eines der außergewöhnlichsten in Stockholm. Das Haus wurde vom ABBA-Mitglied Benny Andersson erworben und zu einem Boutiquehotel umgebaut. Es liegt direkt am grünen Mariatorget im lebendigen Viertel Södermalm. In der Bar legen regelmäßig DJs auf, das Restaurant lockt im Sommer mit einer Terrasse.

Lydmar Hotel

Karte D3 ■ Södra Blasieholmshamnen 2 ■ +46 8 223 160 ■ www.lydmar.com ■ ⓀⓀⓀ
Das Luxushotel mit Boutiqueflair bietet angenehme Ruhe und Blick auf den Hafen von Blasieholmen. Zu dem schönen Blick kann man sich auf einer Terrasse im zweiten Stock Cocktails schmecken lassen. Gäste haben Zugang zu Spa und Fitnessraum des nahen Grand Hôtel.

Nobis Hotel

Karte M2 ■ Norrmalmstorg 2–4 ■ +46 8 614 1000 ■ www.nobishotel.se ■ ⓀⓀⓀ
Zeitloser Stil und moderne Annehmlichkeiten erwarten Gäste in diesem Hotel im Zentrum der Stadt. Zum Haus gehören die Gold Bar & Lounge sowie ein italienisches Restaurant mit Bistro.

Boutiquehotels

The Winery Hotel

Rosenborgsgatan 20 ■ +46 8 146 000 ■ www.thewineryhotel.se ■ Ⓚ
Das Hotel in schickem Industrial Design liegt am Rande Stockholms unweit des Sees Brunnsviken, ist verkehrstechnisch aber gut ans Zentrum angebunden. Es verfügt über ein Restaurant, eine Weinstube, eine eigene Weinkellerei, ein Fitnessstudio und eine Dachterrasse mit Außenpool.

Berns Hotel

Karte M3 ■ Näckströmsgatan 8 ■ +46 8 566 3200 ■ www.berns.se ■ ⓀⓀ
Die zentrale Lage macht dieses Boutiquehotel zur perfekten Basis für Ausflüge ins Stockholmer Nachtleben. Im hauseigenen Club legen am Wochenende Top-DJs aus dem In- und Ausland auf.

Elite Hotel Marina Tower

Saltsjöqvarns kaj 25 ■ +46 8 5557 0200 ■ www.elite.se ■ ⓀⓀ
Eine ehemalige Mühle aus dem 19. Jahrhundert am Ufer der Nacka beheimatet nun dieses schöne Hotel. Es ist vom Stadtzentrum aus per Fähre zu erreichen. Gästen stehen ein türkischer Hammam und ein Schwimmbad zur Verfügung.

Haymarket by Scandic

Karte C3 ■ Hötorget 13–15 ■ +46 8 5172 6700 ■ www.scandichotels.de ■ ⓀⓀ
In dem Gebäude befand sich einst das Warenhaus PUB – ein Wahrzeichen Stockholms. Heute lässt hier ein Hotel das fröhlich elegante Flair der 1920er Jahre wieder aufleben. Gäste freuen sich über kostenlosen Zimmerservice, Lifestyle-Concierge und – auf Wunsch – den eigenen Barkeeper auf dem Zimmer.

Hotel Kungsträdgården

Karte D5 ■ Trädgårdsgatan 11b ■ +46 8 440 6650 ■ www.hotelkungstradgarden.se ■ ⓀⓀ
Das Hotel in einem Gebäude aus dem 18. Jahrhundert im Zentrum von Stockholm liegt neben dem »Königsgarten« in der Nähe der Shoppingviertel. Die individuell im gustavianischen Stil eingerichteten Zimmer verströmen den Charme der Alten Welt.

Miss Clara by Nobis

Karte C2 ■ Sveavägen 48 ■ +46 8 440 6700 ■ www.missclarahotel.com ■ ⓀⓀ
Das elegante Stadthotel in einer ehemaligen Mädchenschule liegt ideal für die Erkundung von Stockholms Innenstadt. Es bietet Zimmer mit kühlen, modernen Möbeln, Holzparkett und Designertextilien sowie eine Bar und ein Restaurant.

Mornington Hotel

Karte N1 ■ Nybrogatan 53 ■ +46 8 5073 3000 ■ www.mornington.se ■ ⓀⓀ
Ein überraschendes Feature dieses charmanten Boutiquehotels in Östermalm ist die hauseigene Bibliothek mit 4000 Bänden. Im Sommer ist der ruhige Patio zugänglich.

Story Hotel

Karte N2 ■ Riddargatan 6 ■ +46 8 5450 3940 ■ www.storyhotels.com ■ ⓀⓀ
Das außergewöhnliche, klassisch angehauchte Boutiquehotel steckt voller Leben. Es bietet verschiedene Zimmerarten, ein Restaurant in modernem Retrostil und eine Bar, in der an vier Abenden die Woche DJs auflegen.

Hotel Skeppsholmen

Karte Q5 ■ Gröna gången 1 ■ +46 8 407 2300 ■ www.hotelskeppsholmen.com ■ ⓀⓀⓀ
Hotelkritiker loben dieses Haus stets in den höchsten Tönen. Es verbindet das Flair des Gebäudes aus dem 17. Jahrhundert gekonnt mit modernem Design. Die Lage auf der Insel Skeppsholmen ist wunderschön, mit dem Bus gelangt man schnell ins Stadtzentrum.

Hotel with Urban Deli

Karte C2 ■ Sveavägen 44 ■ +46 8 303 050 ■ www.hotelwith.se ■ Ⓚⓡ Ⓚⓡ Ⓚⓡ

Das erste Hotel der Restaurantkette Urban Deli liegt komplett unter der Erde. Die fensterlosen Zimmer verfügen über ein Belüftungssystem und sind mit leistungsstarken Sound- und Mediensystemen sowie schnellem Internet ausgestattet.

Villa Källhagen

Karte F3 ■ Djurgårdsbrunnsvägen 10 ■ +46 8 665 0300 ■ www.kallhagen.se ■ Ⓚⓡ Ⓚⓡ Ⓚⓡ

Von dem ruhig an dem Kanal von Djurgården gelegenen Hotel ist das Stadtzentrum gut zu erreichen. Die Zimmer sind geschmackvoll eingerichtet, das angeschlossene Restaurant erhält stets gute Kritiken.

Mittelklassehotels

Park Inn by Radisson Hammarby Sjöstad Hotel

Midskeppsgatan 6 ■ +46 8 5050 7000 ■ www.parkinn.com ■ Ⓚⓡ

Das modern ausgestattete Hotel liegt im noch relativ jungen Stadtviertel Hammarby sjöstad. Eine kurze Bootsfahrt über den Kanal bringt Gäste zu den Bussen, die ins Stadtzentrum fahren.

Scandic Anglais

Karte M1 ■ Humlegårdsgatan 23 ■ +46 8 5173 4000 ■ www.scandichotels.se ■ Ⓚⓡ

Das Hotel steht ganz im Zeichen der Musik: An sechs Abenden legen hier DJs auf. Auf Gäste warten 230 Standardzimmer mit Parkettböden, ein Restaurant und eine Reihe beliebter Bars. Das Frühstücksbüfett ist im Preis enthalten.

Scandic Continental

Karte C3 ■ Vasagatan 22 ■ +46 8 5173 4200 ■ www.scandichotels.de ■ Ⓚⓡ

Das Hotel wurde für den Bau eines Eisenbahntunnels unter dem Gelände komplett umgebaut und zählt zu den modernsten der nordischen Kette. Es bietet einen Parkplatz, ein Fitnessstudio, ein gutes Restaurant, gleich mehrere Bars und eine Dachterrasse, auf der man an lauen Sommerabenden herrlich entspannen kann.

Scandic Malmen

Karte D5 ■ Götgatan 49–51 ■ +46 8 5173 4700 ■ www.scandichotels.de ■ Ⓚⓡ

Für die Erkundung des Szeneviertels Södermalm ist dieses Hotel am Medborgarplatsen ein hervorragendes Basislager. Zum Haus gehören das Bistro Malmen, ein schickes Restaurant mit europäischer Küche und eine Cocktailbar, in der regelmäßig DJs auflegen und Konzerte veranstaltet werden, die man häufig kostenlos besuchen kann.

August Strindberg Hotell

Karte J1 ■ Tegnérgatan 38 ■ +46 8 325 006 ■ www.hotellstrindberg.se ■ Ⓚⓡ Ⓚⓡ

Das Hotel liegt etwas versteckt in einer ruhigen Seitenstraße nahe der Drottninggatan und ist ein guter Ausgangspunkt für Shoppingtouren. Im Sommer wird das Frühstück im bezaubernden Garten serviert.

Central Hotel

Karte K2 ■ Vasagatan 38 ■ +46 8 5662 0800 ■ www.ligula.se/profilhotels ■ Ⓚⓡ Ⓚⓡ

Dank der Lage nahe dem Bahnhof ist das einladende Hotel vom Flughafen aus bequem zu erreichen. Es bietet nette und erschwingliche Unterkunft im Herzen der Stadt.

Clarion Hotel Stockholm

Karte D6 ■ Ringvägen 98 ■ +46 8 462 1000 ■ www.nordicchoicehotels.com ■ Ⓚⓡ Ⓚⓡ

Das Hotel liegt in einem Wohnviertel von Södermalm nahe der Tunnelbana-Station Skanstull. Die schicke Bar mit Blick auf die Avicii Arena ist ein bei Medienleuten beliebter Treff.

Elite Adlon

Karte K2 ■ Vasagatan 42 ■ +46 8 402 6500 ■ www.adlon.se ■ Ⓚⓡ Ⓚⓡ

In diesem Haus aus den 1950er Jahren finden Gäste modern ausgestattete Zimmer vor. Die Umgebung ist lebhaft, Flughafenbusse halten in der Nähe und auch zu den Läden im Zentrum ist es nicht weit.

Elite Hotel Arcadia

Karte D1 ■ Körsbärsvägen 1 ■ +46 8 5662 1500 ■ www.elite.se ■ Ⓚⓡ Ⓚⓡ

Von dem in einer ruhigen Wohngegend liegenden Hotel gelangt man von der nahen Tunnelbana-Station Tekniska Högskolan rasch ins Zentrum. Neben komfortablen Zimmern bietet das Haus auch Apartments mit Küchenzeile. Vasastans Restaurants und Bars liegen in Gehweite.

Rex Hotel

Karte C2 ▪ Luntmakargatan 73 ▪ +46 8 160 040 ▪ www.rexhotel.se ▪ Ⓚⓚ
Das Hotel ist in einem einfachen Stadthaus aus dem 19. Jahrhundert untergebracht und punktet mit Ziegelwänden und farbenfrohem Mobiliar. Dank der Lage im Herzen der Stadt, nicht weit vom Sveavägen entfernt, locken rundum zahlreiche Restaurants und Bars.

Hotel At Six

Karte M3 ▪ Brunkebergstorg 6 ▪ +46 8 5788 2800 ▪ www.hotelatsix.com ▪ Ⓚⓚⓚ
In reizvoll zentraler Lage bietet dieses Hotel rund 300 luxuriöse Zimmer mit modern eleganter Einrichtung. Das stilvolle Restaurant und die zwei schicken Bars sind bei Einheimischen ebenso beliebt wie bei den Hotelgästen. Im Haus befindet sich auch die technisch hervorragend ausgerüstete Musikbar Hosoi, in der mal international bekannte DJs auflegen, mal stimmungsvolle Konzerte stattfinden.

Hotel Wellington

Karte E2 ▪ Storgatan 6 ▪ +46 8 667 0910 ▪ www.wellington.se ▪ Ⓚⓚⓚ
Für Gäste des schlichten, aber freundlichen Hotels in Östermalm sind Gröna Lund, Skansen, das Gebiet um den Sveavägen, die Trambahn und sämtliche Attraktionen des Stadtzentrums gut erreichbar. Einige der komfortablen, mit Holzböden ausgestatteten und individuell gestalteten Zimmer haben Balkone. Frühstück und Saunanutzung sind inklusive.

Preiswerte Hotels

Hotel Anno 1647

Karte D5 ▪ Mariagränd 3 ▪ +46 8 442 1680 ▪ www.anno1647.se ▪ Ⓚ
In einer Seitenstraße der Götgatan, mitten im Club- und Shoppingviertel von Södermalm, nimmt dieses Hotel zwei Wohnhäuser aus dem 17. und 18. Jahrhundert ein. Die Anbindung ans öffentliche Verkehrsnetz ist hervorragend: Die Tunnelbana-Station Slussen, die auch Busse anfahren, ist nur wenige Schritte entfernt.

ApartHotel Telefonplan

Cedergrensvägen 16, Hägersten ▪ +46 8 181 185 ▪ www.aparthotel.se ▪ Ⓚ
Das Hotel in einem ruhigen Wohngebiet verfügt über 60 Gästezimmer verschiedenster Größe. Frühstück ist inklusive, das schicke Bar-Restaurant Landet *(siehe S. 51)* liegt ganz in der Nähe.

Hotel Bema

Karte C2 ▪ Upplandsgatan 13 ▪ +46 8 232 675 ▪ www.hotelbema.se ▪ Ⓚ
Das erfreulich preiswerte Hotel im Stadtzentrum lockt mit schöner Lage gegenüber dem Park Tegnérlunden. An der Rückseite befindet sich ein hübscher Garten.

Hotel Tegnérlunden

Karte C2 ▪ Tegnérlunden 8 ▪ +46 8 5454 5550 ▪ www.hoteltegnerlunden.se ▪ Ⓚ
»Kleine Zimmer für kluge Reisende« lautet das Motto dieses Hotels. Die Zimmer haben zwar kein eigenes Bad und auch keine Fenster, bieten aber unschlagbar preiswerte Unterkunft in zentraler Lage – perfekt für alle, die sich eh lieber in der Stadt als im Hotel aufhalten.

Hotel Tre Små Rum

Karte C5 ▪ Högbergsgatan 81 ▪ +46 8 641 2371 ▪ www.tresmarum.se ▪ Ⓚ
Dieses Hotel in Södermalm bietet gemütliche Zimmer und komfortable Nähe zur Tunnelbana und zu den Bahnhöfen der Vorortzüge. Das Frühstück ist inklusive.

Motel L Hammarby Sjöstad

Hammarby allé 41 ▪ +46 8 4090 2600 ▪ www.ligula.se/motel-l ▪ Ⓚ
Die Zimmer des modernen Hauses verfügen über große Betten und Klimaanlage, die Badezimmer über Regenwaldduschen. Im Salon des Hauses kann man entspannen, arbeiten oder einen Drink genießen.

ProfilHotels Nacka

Värmdövägen 84, Nacka ▪ +46 8 5061 6000 ▪ www.ligula.se/profilhotels/hotel-nacka ▪ Ⓚ
Das Hotel verfügt über 162 Zimmer, ein Restaurant, einen Pool und eine Sauna. Im Sommer kann man auf der Terrasse entspannen. Die Parkplätze direkt am Eingang sind kostenlos.

The Red Boat Hotel

Karte C4 ▪ Söder Mälarstrand, Kajplats 10 ▪ +46 8 644 4385 ▪ www.theredboat.com ▪ Ⓚ
Originelle Unterkunft in Altstadtnähe bieten diese zwei Boote – eines dient als Hotel, das andere als Hostel. Am gemütlichsten sind die holzvertäfelten Kabinen des Hotelboots.

Preiskategorien siehe S. 112

Connect Hotel City

Karte A2 ■ Alströmergatan 41 ■ +46 8 441 0220 ■ www.connecthotel.se ■ (Kr)(Kr)

Das Hotel bietet nur kleine zweckmäßige Zimmer, angesichts der Lage im Zentrum des lebhaftesten Bereichs von Kungsholmen aber wahrlich günstige Preise. Frühbucher erhalten Rabatt.

Hotel Zinkensdamm

Karte B5 ■ Zinkens väg 20 ■ +46 8 616 8110 ■ www.zinkensdamm.com ■ (Kr)(Kr)

Das nette Hotel im Tantolunden in Södermalm fungiert auch als Hostel. Zur Wahl stehen Zimmer mit und ohne Bad. Frühstück und WLAN sind inklusive, es gibt auch eine Bar und ein Restaurant.

Unique Hotel

Karte K1 ■ Kammakargatan 62 ■ +46 7 6172 2812 ■ www.uniquehotel.se ■ (Kr)(Kr)

Nahe der lebhaften Drottninggatan bietet dieses freundliche Haus helle geräumige Zimmer mit und ohne Bad.

Pensionen, Hostels & Apartments

Bed & Breakfast Stockholm at Mariatorget

Karte C5 ■ Torkel Knutssonsgatan 35 ■ +46 7 0579 7200 ■ (Kr)

Das B&B umfasst zwei moderne Ferienwohnungen in dem Gebäude, das den Eingang zur Tunnelbana-Station Mariatorget birgt. Die Unterkünfte können einzeln für ein bis zwei Gäste oder – dank Verbindungstür – zusammen für drei bis vier Personen gemietet werden.

City Backpackers Inn

Karte K2 ■ Upplandsgatan 2a ■ +46 8 206 920 ■ www.citybackpackers.org ■ (Kr)

In dem charaktervollen Hostel warten Zimmer verschiedener Größe und Ausstattung. Gäste freuen sich hier nicht nur über freundliches und hilfsbereites Personal, eine Küche, Waschmaschinen und Gratis-WLAN, sondern auch über kostenlose Pasta.

Globen Bed & Breakfast

Dammtrappgatan 13 ■ +46 7 3679 8060 ■ (Kr)

Das typisch schwedische Holzhaus mit Garten steht in einem Wohngebiet nahe der Avicii Arena. Als Unterkunft stehen ein komplett ausgestattetes Häuschen und ein hübsches Apartment zur Wahl. Zur Tunnelbana-Station ist es nicht weit.

Långholmen Hotel & Youth Hostel

Karte A5 ■ Långholmsmuren 20 ■ +46 8 720 8500 ■ www.langholmen.com ■ (Kr)

In einer Zelle zu schlafen, ist vielleicht nicht jedermanns Sache, doch genau darin liegt der Reiz des Hauses, für das ein ehemaliges Gefängnis auf der Insel Långholmen zum modernen Hotel und Hostel umgebaut wurde.

Rygerfjord Hotel & Hostel

Karte C4 ■ Söder Mälarstrand, Kajplats 12–14 ■ +46 8 840 830 ■ www.rygerfjord.se ■ (Kr)

Ein altes norwegisches Fährschiff dient als Hotel und Jugendherberge, um abenteuerlustigen Gästen Übernachtungsmöglichkeiten mit nautischem Flair zu bieten. Aus manchen Zimmern reicht der Blick über den Mälaren bis zum Stadshuset.

Stockholm Classic

Karte B5 ■ Lundagatan 31 ■ +46 7 086 1224 ■ www.classicstockholm.com ■ (Kr)

In einer hübschen Straße nahe der Tunnelbana-Station Zinkensdamm bietet dieses Haus neben Doppelzimmern mit Blick auf den Mälaren und die City auch Zimmer im Kajütenstil. Gästen steht eine komplett ausgestattete Küche zur Verfügung.

Stockholm Hostel

Karte A2 ■ Alströmergatan 15 ■ +46 7 0156 5525 ■ www.stockholmhostel.se ■ (Kr)

Zu dem klimatisierten Hostel in Kungsholmen gelangt man vom Hauptbahnhof mit der Tunnelbana in fünf Minuten. Alle Zimmer haben ein eigenes Bad, in zwei Gemeinschaftsküchen können sich die Gäste ihr Essen machen.

Biz Apartment Gärdet

Sehlstedtsgatan 67 ■ +46 8 5785 5300 ■ www.bizapartmenthotel.se/gardet ■ (Kr)(Kr)

Das Haus bietet 175 stilvolle Apartments. Es gibt Unterkünfte mit einem oder zwei Schlafzimmern sowie eine Reihe von Studios – ideal für Alleinreisende. Für längere Aufenthalte von mehreren Wochen oder Monaten gibt es Sonderpreise.
Die Betreibergesellschaft führt weitere Hotels in Solna und Hammarby sjöstad.

Hostel af Chapman

Karte P5 ■ Flaggmansvägen 8 ■ +46 8 463 2280 ■ www.svenskaturistforeningen.se ■ Ⓚⓡ Ⓚⓡ

In Skeppsholmen bieten Unterkünfte auf einem Schiff aus dem 19. Jahrhundert – in Einzel- oder Gemeinschaftskabinen – und in einem Handwerkerhaus schönen Blick auf das Kungliga slottet. In der Nähe befinden sich einige Museen.

Guldgränd Hotel Apartments

Karte D5 ■ Guldgränd 5 ■ +46 8 641 4064 ■ www.secondhomeapartments.se ■ Ⓚⓡ Ⓚⓡ

Das Hotel in einem Gebäude aus dem 17. Jahrhundert liegt in Södermalm in einem belebten Gebiet nahe der Tunnelbana-Station Slussen. Es bietet geräumige Ein-, Zwei- und Dreibettzimmer mit Chic und Apartments für Familien.

Hotels außerhalb von Stockholm

Good Morning+ Hagersten

Vastertorpsvägen 131 ■ +46 8 5563 2330 ■ www.ligula.se/goodmorninghotels/hagersten ■ Ⓚⓡ

Hohen Standard zu vernünftigen Preisen und mehrsprachiges, sehr freundliches Personal bietet dieses Hotel nahe einer IKEA-Filiale am südlichen Stadtrand.

Jumbo Stay

Jumbovägen 4, Flughafen Arlanda ■ +46 8 5936 0400 ■ www.jumbostay.com ■ Ⓚⓡ

Wer schon einmal vom eigenen Schlafzimmer in einem Flugzeug geträumt hat, sollte in der umgebauten Boeing 747 am Flughafen übernachten.

Kastellet Bed & Breakfast

Vaxholms Kastell, Vaxholm ■ +46 8 5413 3035 ■ www.kastelletvaxholm.se ■ Ⓚⓡ

Das B&B in der Festung von Vaxholm ist ein prima Basislager für die Erkundung von Stockholms Skärgård. Die meisten Fähren vom Zentrum zu den Schären laufen Vaxholm an. Von dort gelangt man mit Booten zu weiteren Inseln.

Clarion Hotel Gillet

Dragarbrunnsgatan 23, Uppsala ■ +46 1 868 1800 ■ www.nordicchoicehotels.com ■ Ⓚⓡ Ⓚⓡ

Das Hotel im Zentrum von Uppsala ist ein idealer Ausgangsort, um die Stadt zu erkunden. Es bietet moderne Gästezimmer, elegantes Flair und eine Bar mit abendlicher Musik.

Grand Hotel Saltsjöbaden

Hotellvägen 1, Saltsjöbaden ■ +46 8 5061 7000 ■ www.grandsaltsjobaden.se ■ Ⓚⓡ Ⓚⓡ

Die Einrichtung dieses Hotels am Hafen ist dem Hôtel de Paris in Monte Carlo nachempfunden. Mit dem Zug ist man in 25 Minuten in Slussen. Oft gibt es hier Angebote.

Grinda Wärdshus

Södra bryggan, Grinda, Stockholms Skärgård ■ +46 8 5424 9491 ■ www.grinda.se ■ Ⓚⓡ Ⓚⓡ

In dem von Feldern umgebenen Hotel in einem alten Bauernhaus erlebt man den ganzen Zauber der ländlichen Insel.

Hotel J

Ellensviksvägen 1, Nacka strand ■ +46 8 601 3000 ■ www.hotelj.com ■ Ⓚⓡ Ⓚⓡ

Von dem Hotel im inneren Schärengarten gelangt man per Boot schnell ins Zentrum von Stockholm. Die Einrichtung mit Korbmöbeln und blau-weißem Design feiert den nautischen Stil Neuenglands. Im Sommer ist es in dem Hotel herrlich erholsam.

Yasuragi Hasseludden

Hamndalsvägen 6, Saltsjö-Boo ■ +46 8 747 6400 ■ www.yasuragi.se ■ Ⓚⓡ Ⓚⓡ

Das Spahotel hat Zimmer in westlichem und japanischem Stil zu bieten. Zum Haus gehört ein beschaulicher japanischer Garten, der sich Richtung Ufer erstreckt.

Sigtuna Stadshotell

Stora Nygatan 3, Sigtuna ■ +46 8 5925 0100 ■ www.sigtunastadshotell.se ■ Ⓚⓡ Ⓚⓡ Ⓚⓡ

Schwedens wohl kleinstes Fünf-Sterne-Hotel wurde 1909 eröffnet. Nach einer geschmackvollen Renovierung zeigt es wieder die ursprüngliche Eleganz. Im Sommer kann man auf der Terrasse mit Blick auf den Sigtunaviken speisen.

Stallmästaregården Hotel

Norrtull ■ +46 8 610 1300 ■ www.stallmastaregarden.se ■ Ⓚⓡ Ⓚⓡ Ⓚⓡ

Das Hotel mit Seeblick nahe dem Hagaparken diente schon im 18. Jahrhundert als Ausspann. Ein gemütlicher Spaziergang (oder eine kurze Busfahrt) führt zu den Restaurants und Bars rund um den Odenplan.

Preiskategorien siehe S. 112

Textregister

Fett gedruckte Seitenzahlen beziehen sich auf Haupteinträge.

Bildnachweis & Impressum

Autor

Paul Eade wuchs in Scarborough, England, auf und lebt seit 1999 in Stockholm. Reisen, vor allem durch Deutschland, ist seine Leidenschaft.

DK London

Mitwirkender
Taraneh Ghajar Jerven

Lektorat
Georgina Dee, Alison McGill, Parnika Bagla, Rebecca Flynn, Mark Silas, Halima Mohammed, Beverly Smart, Shikha Kulkarni, Hollie Teague

Gestaltung und Bildredaktion
Maxine Pedliham, Stuti Tiwar, Vagisha Pushp, Taiyaba Khatoon, Tanveer Zaid, Priyanka Thakur

Zusätzliche Fotografie
James Tye, Jeppe Wikstrom

Umschlaggestaltung
Jordan Lambley

Kartografie
Subhashree Bharati, Suresh Kumar

Herstellung
Samantha Cross

Bildnachweis

o = oben, u = unten, m = Mitte, l = links, r = rechts

DK dankt folgenden Personen, Unternehmen und Bildarchiven für die freundliche Erlaubnis zur Reproduktion ihrer Fotografien:

123RF.com Jon Bilous 64mlo, Boris Breytman 30um, Hans Christiansson 66u, Ievgenii Fesenko 77or, Stefan Holm 19ml, jorisvo 40mlo, Mikhail Markovskiy 76or, Olga Miltsova 100–101, svglass 39or.

Alamy Stock Photo Banana Pancake 4mr, Frank Chmura 55ul, 101ml, Mikael Damkier 82–83, Chad Ehlers 58or, 93u, Peter Forsberg 53u, Bjorn Grotting 35mru, Alex Hammond 51or, Dave G. Houser 31ol, imageBROKER/Matthias Graben 4mlu, ohner Images 35ul, 61ur, Interfoto 11mlu, Henryk Kotowski 61ml, Art Kowalsky 78–79, Douglas Lander 103u, Franz Marc Frei 18or,Hercules Milas 11ol, Prisma by Dukas Presseagentur GmbH/Chmura Frank 46or, Maria Swärd 16–17, William Uzuriaga 60mu, Zoonar/Olaf Pokorny 11ur.

© ArkDes Nikolaj Alsterdal 88o.

AWL Images Mauricio Abreu 12–13, David Bank 4mlo, Nordic Photos 2ol, 4ml, 4u, 8–9.

Operakällarens Bakficka 69ur.

Bonniers Konsthall 72mlo.

BrewDog Kungsholmen Mikael Goransson 74u.

Centralbadet, Stockholm Magnus Torle 67ml.

Designtorget Jean-Baptiste Beranger 56or.

Dorling Kindersley The Golden Hall, Stockholm Stadshuset by Einar Forseth © DACS 2017 22–23.

Dreamstime.com Arsty 84or, Ruzanna Arutyunyan 10mlo, Roksana Bashyrova 85o, Per Björkdahl 17ur, 99or, Andrei Bortnikau 40ul, Boris Breytman 6mlo, 25ol, Ryhor Bruyeu 41or, Candy1812 10ml, Hans Christiansson 34mlu, Marcin Ciesielski/Sylwia Cisek 23mr, Cumulus 72–73, Mikael Damkier 23ol, 47ol, Dimbar76 48o, 57or, Eugenephoen 2or, 36–37, Alexandre Fagundes De Fagundes 58–59, Joyfull 7mro, Kaleff 10mu, 11mro, 24–25, 42–43, 44u, Pavel Kavalenkau 28–29m, Sergii Koval 55or, Andrey Kutsenko 23ur, Alain Lacroix 4mru, Lerka555 77u, Mariagroth 59or, 71u, 73ol, Mikhail Markovskiy 30–31, 86ml, 86ur, Julie Mayfeng 49ur, Moniphoto 100or, Nadezhda 1906 59ur, Nikonaft 87ol, Björkdahl Per 94–95om, Pifu 70mo, Theresa Wing Yee Poon 6ur, Rolf52 45ol, 60o, Tatiana Savvateeva 98mo, Tibisan 17mr, Alexander Tolstykh 22ul, Allan Wallberg 19or, Nadezhda 1906 59ur.

Earth N More 89ml.

© Fotografiska, Jenny Hammar 94ml.

Getty Images Mauricio Abreu 78ol, Bettmann 39l, Michael Campanella 13ol, DEA/A. Dagli Orti 38mo, Elliot Elliot 19u, Werner Forman 100m, Johner Images 18ul, Ullstein Bild 38ul.

Getty Images/iStock cosmity 10u, Fotonen 102mro, fotoVoyager 3ol, 4o, 62–63, master1305 11mru, mikdam 1, olaser 3or, 104–105.

Grand Hôtel Stockholm The Cadier Bar/Magnus Mårding 90u, Matbaren/Magnus Mårding 54o.

Grandpa 57ml.

Greasy Spoon 53or.

Grill 75mro.

Gröna Lund 28ul, 29ul, 49ml, Frans Hällquist 29mr.

Hornstulls marknad Patrik Linden Photography 46ur.

Hotel Skeppsholmen Restaurant La ånga Raden/Louise Billgert 91mro.

Junibacken 48mlu.

Kulturhuset Matilda Rahm 65u.

Kungliga Hovstaterna 27ol, Alexis Daflos 20–21, 24ur, 25ur, 26ml, 26–27, 85ur, Michael Steinberg 26ul, Gomer Swahn 35mro.

Kungliga Operan Markus Gårder 65ol.

Restaurang Kvarnen Ivan da SIlva 50–51, 96or.

Moderna museet Åsa Lundén 43ol.

Nationalmuseum, Stockholn 43mr.

Nationalpark Tyresta Charl Mellin 102mlu.

Naturhistoriska riksmuseet Martin Stenmark 99ur.

Nordiska museet 30mlu, 31ur.

Restaurant Pelikan Christer Fahlström 97ur.

Riche Niklas Alexandersson 80ml.

Skansen Marie Andersson 13mr, Marie Haåkansson 12ul.

SoFo Justina Rosengren 92ol.

Spritmuseum Jonas Lindström 47mr.

Statens historiska museet 33ol, Magnus Aronson 33m, Gabriel Hildebrand 32ur, Katarina Nimmervoll 32mo, 33mru.

SuperStock age fotostock/Jörgen Larsson 45mr, Nordic Photos 16ul, 34–35, 50mro.

© Sven-Harrys Konstmuseum Per Myrehed 71or.

Sveskt Tenn 56u.

Världskulturmuseerna Stockholm Ove Kaneberg 66ol.

Vasamuseet Anneli Karlsson 14ml, 15ur, Karolina Kristensson 15ol.

Vete-Katten Susanna Blåvarg 52mlu, 68o.

Umschlag

Vorderseite & Buchrücken:
Getty Images/iStock Vladislav Zolotov.
Rückseite: **Dreamstime.com** Adisa ur, Scanrail ml, **Getty Images/iStock** Angela Kotsell or, **Picfair.com** Simon Bath ol.

Extrakarte

Getty Images/iStock Vladislav Zolotov.

Alle anderen Bilder © Dorling Kindersley.

Penguin Random House

Titel der englischen Originalausgabe
DK Eyewitness TOP10 Stockholm

Aktualisierte Neuauflage 2024/2025

Verlagsleitung Monika Schlitzer
Programmleitung Heike Faßbender
Redaktionsleitung Stefanie Franz
Projektbetreuung Theresa Fleichaus
Herstellungskoordination Antonia Wiesmeier

Covergestaltung Roman, Bold & Black, Köln
Übersetzung Barbara Rusch, München
Redaktion Birgit Lück, Augsburg
Schlussredaktion Judith Ilchmann, Köln

Satz & Produktion DK Verlag
Druck Leo Paper Products Ltd., China

ISBN 978-3-7342-0817-1
6 7 8 9 10   27 26 25 24

www.dk-verlag.de

Sprachführer

Aussprache

Die schwedische Aussprache der meisten Buchstaben unterscheidet sich nicht allzu sehr von der deutschen. Abweichend vom Deutschen sind folgende Ausspracheregeln zu beachten:

å:	wie ein dunkles o
c:	vor ä, e, i, ö und y wie ein stimmloses s, sonst wie k
dj, gj, hj, lj:	wie j
g:	vor ä, e, i, ö und y sowie nach l und r wie das deutsche j
k:	vor ä, e, i, ö und y zwischen sch und ch wie in »ich«
kj, tj:	zwischen sch und ch wie in »ich«
o:	wie u
sl:	vor ä, e, i, ö und y wie sch und ch in »ach« gleichzeitig
st:	vor ä, e, i, ö und y wie sch
j, tj:	zwischen sch und ch wie in »ich«
u:	ähnlich wie o oder zwischen deutschem u und ü
v:	wie w
y:	wie ü

Im Notfall

Hilfe!	**Hjälp!**
Stopp!	**Stanna!**
Rufen Sie einen Arzt!	**Ring efter en doktor!**
Rufen Sie einen Krankenwagen!	**Ring efter en ambulans!**
Rufen Sie die Polizei!	**Ring polisen!**
Rufen Sie die Feuerwehr!	**Ring efter brandkåren!**
Wo ist das nächste Telefon?	**Var finns närmaste telefon?**
Wo ist das nächste Krankenhaus?	**Var finns närmaste sjukhus?**

Grundwortschatz

Ja	**Ja**
Nein	**Nej**
Bitte (anbieten)	**Varsågod**
Danke	**Tack**
Entschuldigung	**Ursäkta**
Hallo	**Hej**
Auf Wiedersehen	**Hej då/adjö**
Gute Nacht	**God natt**
Morgen	**Morgon**
Nachmittag	**Eftermiddag**
Abend	**Kväll**
gestern	**igår**
heute	**idag**
morgen	**i morgon**
hier	**här**
das	**där**
Was?	**Vad?**
Wann?	**När?**
Warum?	**Varför?**
Wo?	**Var?**

Nützliche Redewendungen

Wie geht es Ihnen?	**Hur mår du?**
Sehr gut, danke.	**Mycket bra, tack.**
Sehr erfreut, Sie zu sehen.	**Trevligt att träffas.**
Bis bald.	**Vi ses snart.**
Das ist gut.	**Det går bra.**
Wo ist/sind ...?	**Var finns ...?**
Wie weit ist es bis ...?	**Hur långt är det till ...?**
Wie komme ich nach ...?	**Hur kommer jag till ...?**
Sprechen Sie Englisch?	**Talar du/ni engelska?**
Ich verstehe nicht.	**Jag förstår inte.**
Könnten Sie bitte langsamer sprechen?	**Kan du/ni tala långsammare, tack?**
Tut mir leid.	**Förlåt.**

Nützliche Wörter

groß	**stor**
klein	**liten**
warm	**varm**
kalt	**kall**
gut	**bra**
schlecht	**dålig**
genug	**tillräcklig**
offen	**öppen**
geschlossen	**stängd**
links	**vänster**
rechts	**höger**
geradeaus	**rakt fram**
nahe	**nära**
weit	**långt**
auf/über	**upp/över**
unter/darunter	**ner/under**
früh	**tidig**
spät	**sen**
Eingang	**ingång**
Ausgang	**utgång**
Toilette	**toalett**
mehr	**mer**
weniger	**mindre**

Shopping

Wie viel kostet das?	**Hur mycket kostar den här?**
Ich möchte gern ...	**Jag skulle vilja ...**
Haben Sie ...?	**Har du/ni ...?**
Ich schaue mich nur um.	**Jag ser mig bara omkring.**
Nehmen Sie Kreditkarten?	**Tar du/ni kreditkort?**
Wann öffnen Sie?	**När öppnar ni?**
Wann schließen Sie?	**När stänger ni?**
teuer	**dyr**
billig	**billig**
Größe (Kleidung)	**storlek**
weiß	**vit**
schwarz	**svart**
rot	**röd**
gelb	**gul**
grün	**grön**
blau	**blå**
Antiquitätenladen	**antikaffär**
Bäckerei	**bageri**
Bank	**bank**
Buchhandlung	**bokhandel**
Konditorei	**konditori**
Apotheke	**apotek**
Markt	**marknad**
Zeitungskiosk	**tidningskiosk**
Postamt	**postkontor**
Supermarkt	**snabbköp**
Tabakladen	**tobakshandel**
Reisebüro	**resebyrå**

Sightseeing

Kunstgalerie	**konstgalleri**
Kirche	**kyrka**
Garten	**trädgård**
Haus	**hus**
Bibliothek	**bibliotek**
Museum	**museum**

Platz	**torg**
Straße	**gata**
Touristeninformation	**turistinformations-kontor**
Rathaus	**stadshus**
wegen Urlaub geschlossen	**stängt för semester**
Bushaltestelle	**busstation**
Bahnhof	**järnvägsstation**

Im Hotel

Haben Sie ein Zimmer frei?	**Har ni några lediga rum?**
Doppelzimmer mit Doppelbett	**dubbelrum med dubbelsäng**
Doppelzimmer mit zwei Betten	**dubbelrum med två sängar**
Einzelzimmer	**enkelrum**
Zimmer mit Bad/Dusche	**rum med bad/dusch**
Schlüssel	**nyckel**
Ich habe ein Zimmer reserviert.	**Jag har beställt rum.**

Im Restaurant

Haben Sie einen Tisch für …?	**Har ni ett bord för …?**
Ich möchte einen Tisch reservieren.	**Jag skulle vilja boka ett bord.**
Die Rechnung, bitte.	**Notan, tack.**
Ich bin Vegetarier.	**Jag är vegetarian.**
Kellnerin	**servitris**
Kellner	**servitör**
Speisekarte	**meny/matsedell**
Festpreismenü	**meny med fast pris**
Weinkarte	**vinlista**
ein Glas Wasser	**ett glas vatten**
ein Glas Wein	**ett glas vin**
Flasche	**flaska**
Messer	**kniv**
Gabel	**gaffel**
Löffel	**sked**
Frühstück	**frukost**
Mittagessen	**lunch**
Abendessen	**middag**
Hauptgang	**huvudrätt**
Vorspeise	**förrätt**
Tagesgericht	**dagens rätt**
Kaffee	**kaffe**

Auf der Speisekarte

apelsin	Orange
bakelse	Kuchen, Gebäck
banan	Banane
biff	Rindfleisch
bröd	Brot
bullar	Brötchen
choklad	Schokolade
citron	Zitrone
dessert	Dessert
fisk	Fisch
fläsk	Schweinefleisch
forell	Forelle
frukt	Frucht
glass	Eiscreme
hummer	Hummer
kallskuret	Aufschnitt
korv	Würstchen
kyckling	Huhn
kött	Fleisch
lamm	Lamm
lök	Zwiebel
mineralvatten	Mineralwasser
mjölk	Milch
nötkött	Rindfleisch
ost	Käse
olja	Öl
potatis	Kartoffeln
ris	Reis
rostat bröd	Toast
räkor	Garnelen
rött vin	Rotwein
saft	Saft
sill	Hering
skaldjur	Seafood
smör	Butter
stekt	gebraten
salt	Salz
socker	Zucker
soppa	Suppe
sås	Sauce
te	Tee
torr	trocken
ungsstekt	gebacken, gebraten
vispgrädde	Schlagsahne
vitlök	Knoblauch
vitt vin	Weißwein
ägg	Ei
äpple	Apfel
öl	Bier

Zahlen

0	**noll**
1	**ett**
2	**två**
3	**tre**
4	**fyra**
5	**fem**
6	**sex**
7	**sju**
8	**åtta**
9	**nio**
10	**tio**
100	**(ett) hundra**
200	**tvåhundra**
300	**trehundra**
400	**fyrahundra**
500	**femhundra**
1000	**(ett) tusen**

Zeit

eine Minute	**en minut**
eine Stunde	**en timme**
eine halbe Stunde	**en halvtimme**
zehn nach eins	**tio över ett**
Viertel nach eins	**kvart över ett**
halb zwei	**halv två**
zwei Uhr	**klockan två**
zwölf Uhr	**klockan tolv**
13 Uhr	**klockan tretton**
16.30 Uhr	**sexton och trettio**
Mitternacht	**midnatt**
Montag	**måndag**
Dienstag	**tisdag**
Mittwoch	**onsdag**
Donnerstag	**torsdag**
Freitag	**fredag**
Samstag	**lördag**
Sonntag	**sön dag**

Straßenverzeichnis (Auswahl)